本书受到浙江大学区域经济开放与发展研究中心项目（REOD20190301）的资助。

产品内国际分工与中国制造业产业升级

郭志芳 著

中国财经出版传媒集团
中国财政经济出版社

图书在版编目（CIP）数据

产品内国际分工与中国制造业产业升级／郭志芳著．—北京：中国财政经济出版社，2019.6
ISBN 978-7-5095-9058-4

Ⅰ.①产… Ⅱ.①郭… Ⅲ.①产品-国际分工-研究②制造工业-产业结构升级-研究-中国 Ⅳ.①F114.1②F426.4

中国版本图书馆CIP数据核字（2019）第115296号

责任编辑：彭　波　　　　封面设计：卜建辰
责任校对：张　凡

中国财政经济出版社 出版

URL：http://www.cfeph.cn
E-mail：cfeph@cfemg.cn

（版权所有　翻印必究）

社址：北京市海淀区阜成路甲28号　邮政编码：100142
营销中心电话：010-88191537
北京财经印刷厂印装　各地新华书店经销
710×1000毫米　16开　14.75印张　230 000字
2019年6月第1版　2019年6月北京第1次印刷
定价：68.00元
ISBN 978-7-5095-9058-4
（图书出现印装问题，本社负责调换）
本社质量投诉电话：010-88190744
打击盗版举报热线：010-88191661　QQ：2242791300

前　　言

产品内国际分工的出现，将国与国之间基于比较优势的分工从产品贯彻到产品内部的工序和流程，形成全球价值链，极大限度地改变了全球经济运行方式。中国是最大的发展中国家，以产品内国际分工为特征的中间产品贸易增长迅速。本书致力于研究中国参与产品内国际分工现状、中国出口产品中国外价值含量、中国在全球价值链中的地位以及在产品内国际分工模式下中国制造业产业升级等问题，并对中国如何在产品内国际分工体系下实现产业升级提出相应建议。

首先，在梳理产品内国际分工度量方法的基础上，采用中间产品进出口额和垂直专业化率指标对我国参与产品内国际分工进行了全面测度，在此基础上，对产品内国际分工的影响因素进行实证分析；其次，对产品内国际分工模式下产业升级模式和作用渠道进行分析，并通过理论模型推演分析产业升级的影响因素；最后，从产品、行业和国家（地区）三个层面对制造业出口复杂度进行测算。通过纵向与横向对比分析中国制造业在全球价值链中的地位和产业升级状况。在此基础上利用跨国面板数据、采用 GMM 方法对出口复杂度的影响因素进行实证分析。通过以上分析，本书得到以下

产品内国际分工与中国制造业产业升级

主要结论：

（1）中国参与产品内国际分工的能力不断加强，中国国际分工地位逐步提高，逐步从简单组装向有技术含量的装配发展。但是中国制造业中间产品尤其零部件长期处于比较劣势，对进口零部件依赖程度依然较高；（2）各行业融入全球价值链的程度存在异质性：劳动密集型行业垂直专业化程度相对较低，资本密集型行业垂直专业化程度较高，资本技术密集型行业垂直专业化程度最高，因此我国高技术产业的技术含量存在虚高现象，且有进一步加强的趋势；（3）中国对主要贸易伙伴的垂直专业化率表现有所不同，中国中间产品贸易进口有明显的区域特征，我国在全球产品内国际分工网络中更多地表现为在东亚区域生产网络中的国际分工；（4）产品内国际分工受到人均物质资本存量、技术发展水平、生产规模以及外商直接投资和贸易成本等因素的影响：人均物质资本存量差距、规模经济、外直接投资以及东亚生产网络促进产品内国际分工的发展，技术差距、双边贸易成本不利于产品内国际分工的发展；（5）2002—2012年中国制造业各部门的出口复杂度均呈现出上升趋势，总体向好，通用、专用设备制造业，仪器仪表及文化办公用机械制造业处于领先水平，造纸印刷及文教用品制造业，石油加工、炼焦及核燃料加工业和金属冶炼及压延加工业体现了一定的后发优势；（6）中国制造业各部门出口复杂度均处于落后行列，在39各样本国家和地区中，食品制造及烟草加工业排名33位，纺织业排名末位，服装皮革羽绒及其制品业排名32位，木材加工及家具制造业位列24位，造纸印刷及文教用品制造业排名24位，石油加工、炼焦及核燃料加工业排名 33 位，化学工业排名 27 位，非金属矿物制品业排名 33 位，金属制品业排名 38 位，通用、专用设备制造业排名 27 位，交通运输设备制造业排名 27 位，电气、机械及器材制造业排名 32 位，通信设备、计算机及其他电子设备制造业排名 30 位，仪器仪表及文化办公用机械制造业排名 38 位；（7）中国与日本和美国的行业发展结构具有一定的相似性：服装皮革羽绒及其制品业，石油加工、炼焦及核燃料加工业，金属冶炼及压延加工业在中国、日本和美国都得到了较好的发展，中国与日本和美国的行业发展程度仍具有很大差距：除木材加工及家具制造业，其他行业发展程度均落后于日本和美国，且非金属矿物制品业、金属制品业和仪器仪表及文化办公用机械制造业与日本和美国的差距扩大；（8）中国制造业整体发展落后，与发达国家（地区）有明显差距，2002 年中国制造业出口复杂度排名居末 10 位，2012 年中国制造业出口复杂度较之 2002 年有大幅增长，但排名仅上升 1 位，位列倒数第 9，且与 7 个主要发达国家地区的技术复杂度差距呈现小幅扩大趋势；（9）出口复杂度主要受到技术禀赋和外商直接投资的影响，物质资本因素对出口技术复杂度的提升作用在减弱，自然资源使产品内国际分工更容易陷入"自然资源诅咒"，产品内国际分工本身不仅不能促进出口复杂度的提升，反而会阻碍产业升级，而伴随技术而生的垂直专业化生产能对价值链的提升产生有效的促进作用。总之，产品内国际分工对技术复杂度的促进作用取决于东道国的吸收能力。

基于上述研究结论，本书主要政策建议如下：增强技术吸收能力，推进自主研发与创新；实施差别化引资政策，提高外资外包质量;推进跨国兼并重组,整合全球价值链;提高知识产权品牌保护意识,构建全球价值链;改善制度与服务质量,促进价值链攀升。

作 者

2019 年 1 月

目　　录

导论 …………………………………………………………………… 1

 第一节　选题背景和研究意义 ………………………………… 2
 第二节　研究思路与主要内容 ………………………………… 8
 第三节　研究方法 ……………………………………………… 10
 第四节　本书研究视角和可能的创新 ………………………… 11

第一章　理论基础与文献综述 ……………………………………… 15

 第一节　产品内国际分工研究述评 …………………………… 16
 第二节　基于产品内国际分工背景下的产业升级问题研究 … 39

第二章　中国制造业发展现状分析 ………………………………… 53

 第一节　中国制造业发展现状分析——基于工业制成品
     的分析 ………………………………………………… 54
 第二节　中国制造业发展现状分析——基于中间产品贸易
     的分析 ………………………………………………… 70

第三章　中国制造业参与产品内国际分工影响因素分析 ………… 85

 第一节　中国参与产品内国际分工程度测度——基于投入
     产出表分析 …………………………………………… 86

第二节 中国参与产品内国际分工的主要决定因素
——基于扩展引力模型的分析 …………………… 99

第四章 产品内国际分工与产业升级理论研究 ………………… 115
第一节 产品内国际分工与产业升级的内在机理 …………… 116
第二节 产品内国际分工与产业升级的理论模型 …………… 134

第五章 中国制造业产业升级测度与分析 ……………………… 145
第一节 中国制造业产业升级测度 …………………………… 146
第二节 中国制造业产业升级分析 …………………………… 149

第六章 制造业产业升级影响因素的实证研究 ………………… 165
第一节 模型设定的基本思想与变量说明 …………………… 167
第二节 数据描述与模型检验 ………………………………… 170
第三节 实证结果分析 ………………………………………… 173
第四节 结论与启示 …………………………………………… 187

第七章 结论与政策建议 ………………………………………… 191
第一节 基本结论 ……………………………………………… 192
第二节 政策建议 ……………………………………………… 198

附录一 SNA 分类和联合国 BEC 对应分类 ……………………… 204
附录二 产品出口复杂度测度样本国家和地区 …………………… 205
参考文献 …………………………………………………………… 208
后记 ………………………………………………………………… 224

产品内国际分工与
中国制造业
产业升级

导 论

第一节 选题背景和研究意义

一、选题背景

（一）国际分工的新发展

从 18 世纪 60 年代逐渐形成国际分工至今的 200 多年时间里，国际分工经历了由产业间国际分工到产业内国际分工，再到产品内国际分工不断深化的历程。国际分工的产生和发展主要取决于两个条件：一是自然条件，包括气候、资源、国土面积等；二是社会经济条件，包括各国的科技和生产力发展水平、国内市场的大小、人口的多寡和社会经济结构。其中，生产力的发展是促使国际分工发生和发展的决定性因素，科技的进步是国际分工得以发生和发展的直接原因。特别是在第三次产业革命后，要素资源在各国之间的流动加速，各国的生产者逐渐在全球范围内进行要素资源配置，以最大限度地降低生产成本和交易成本；同时社会分工的形式趋向复杂化、专业化和精细化，原来的生产部门逐步划分为更多更细的部门，产品制造过程中包含的不同工序和环节被分散到不同国家（地区）进行，从而导致不同型号规格的产品专业化、零配件与部件的专业化和生产工序流程的专业化。这些变化促使国际分工在世界范围内发生实质性改变，即一国国内部门之间的分工逐渐向部门内部分工发展，越来越多产品的工序流程开始跨越国界形成产品内国际分工（Intra-product Specialization）。产品内国际分工是特定产品生产过程不同工序或区段，通过空间分散化展开成跨区或跨国性的生产链条或体系，是同一产品生产工序的空间性分割。它的出现，将国与国之间基于比较优势的分工从产品贯彻到产品内部的工序和流程，形成全球价值链，极大限度地改变了全球经济运行方式。本书致力于研究产品内国际分工的动因、中国参与产品内国际分工的程度以及产品内国际分工与产业升级的机制等基本问题,并对中国如何在产品内国际分工体系下实现产业升级提出相应的建议。

(二) 中国对外贸易发展迅速

1. 中国出口总量大幅增长

自改革开放以来,中国出口迅速增长,增速远高于 GDP 增幅。20 世纪 80 年代,中国出口年平均增长 12.6%;1990—1997 年年均增长达 16.7%;受亚洲金融危机影响,1997—2001 年的增长率有所下降,平均增速为 9.8%;中国加入世贸组织(WTO)之后对外贸易发展迎来崭新局面,2002—2012 年平均增速达 20.2% (见图 0-1)。

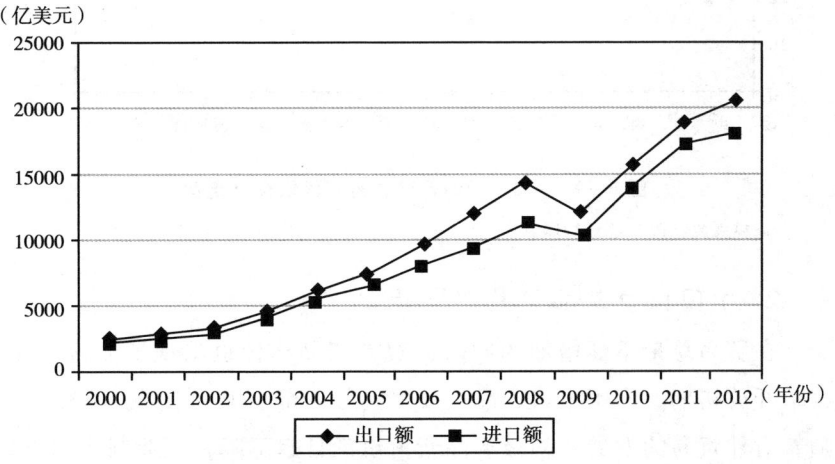

图 0-1 2000—2012 年中国进出口额走势

资料来源:国家统计局网站。

不仅如此,出口成为拉动中国经济增长的"三驾马车"之一,对中国经济发展做出了重要贡献。外贸依存度是反映一个地区对外贸易活动对该地区经济发展的影响程度的经济指标,同时也反映了该地区经济发展对国外市场的依赖程度的经济指标。外贸依存度的计算公式是进出口总额除以国内生产总值。过去 30 年间,中国外贸依存度大幅攀升。1981 年,中国外贸依存度为 22.7%,1997 年金融危机后，中国的外贸依存度有所回落，出现极值31.8%，之后随着金融危机的结束和中国加入WTO，中国的外贸依存度一路攀升，至2007年达到62.3%，创历史新高。后又因次贷危机的爆发而下降，2012年中国外贸依存度为47%（见图0-2）。

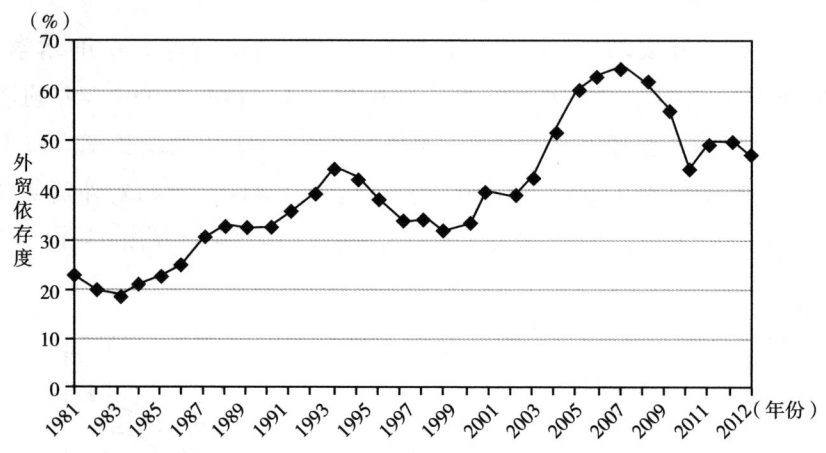

图0-2　1981—2012年中国外贸依存度走势

资料来源：国家统计局网站。

2. 中国出口产品结构不断优化

在贸易总量不断增加的同时，贸易产品结构也出现了显著变化。改革开放初期，中国出口产品主要是初级产品，其占比在50%上下。随着对外贸易的发展，初级产品所占份额日趋下降，工业制成品出口份额逐步提高，并逐渐成为中国出口贸易的主导产品。如图0-3所示，中国工业制成品出口额占出口总额的比重在2001年达到了90.1%，2012年达到95.1%。2000—2012年，中国工业制成品出口的总体增长速度快于中国总出口的增长速度。

（三）出口产品技术含量备受关注

在过去几十年的发展中，世界各国和地区追求以量为先的发展模式，全球对外贸易飞速发展。英国、美国、日本在18世纪60年代、

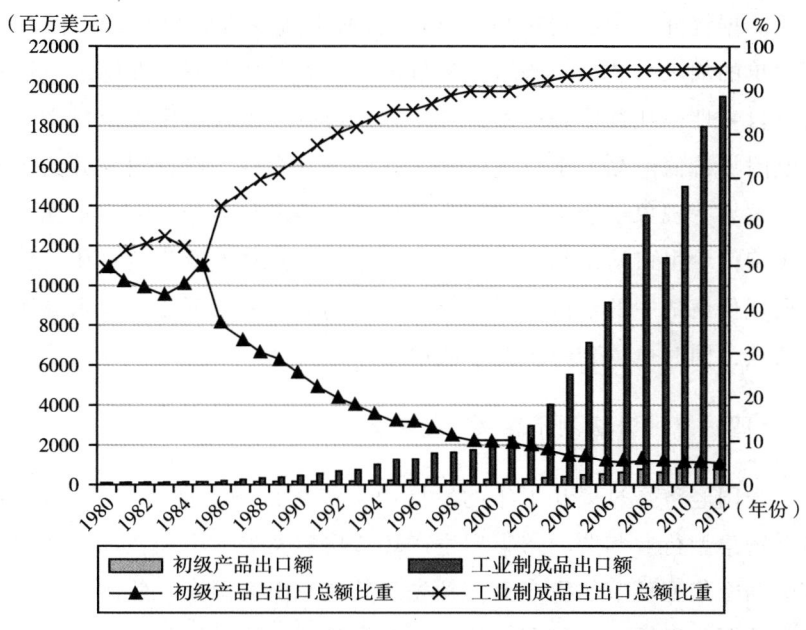

图 0-3　1980~2012 年中国初级产品和工业制成品
出口额及其所占总出口额的比重

资料来源：国家统计局网站。

19 世纪中期和 20 世纪 70 年代相继被冠以"世界工厂"的美名。2002 年中国加入世界贸易组织（WTO），融入了全球经济一体化进程中，经过 10 多年的发展，中国对外贸易和综合国力得到前所未有的提升，中国也因此被冠以"世界工厂"。根据 Robertson 的对外贸易是经济增长的发动机的理论可见对外贸易对一国经济发展的重要性。然而在现有全额贸易统计模式下，进出口贸易仅仅反映了对外贸易的数量，而更能准确反映一国经济增长的对外贸易质量被忽视。

事实上，中国远非世界制造强国。由于发达国家（地区）的垄断和知识产权保护，我国制造业缺乏自主创新能力、自主品牌和核心技术的现状并没有从根本上得到改变。我国作为"世界工厂"，仅起到了"加工组装车间"的作用，产品的研发、设计、关键技术等高增加值产业链都掌握在他人手中，形成了中国产业"两头在外"的格局。据统计，中国的出口中50%以加工贸易方式出口，中国仅从事简单的加工与装配，赚取低端价值链中微薄的利润，在国际市场上缺乏自主性，往往依赖国外订单生存，没有议价权。中国出口产品多为低附加价值产品、出口主体多为外商投资企业、出口贸易方式多为加工贸易等现象已经引起政府和各界学者越来越多的关注和重视。如何正确衡量出口质量和技术的发展、揭示巨额顺差背后的真相、提升在全球价值链中的地位、提高企业的获利能力成为近年来学术界研究的热点，同时也受到越来越多政府部门的关注。

（四）产业升级刻不容缓

中国经济在过去几十年的发展中，依靠自身丰富的劳动力资源，劳动密集型行业和劳动密集型生产环节快速发展，中国在承接发达国家劳动密集型环节的生产上，领先于其他东南亚国家。然而随着中国改革的深化以及人口红利的消失，东南亚国家依靠更为廉价的劳动力在劳动密集型生产环节中具有更强的竞争力，东南亚国家在加工装配业中的崛起，必然挤占我国制造业的国际市场份额，对我国制造业发展构成挑战与威胁。与此同时，金融危机之后，全球经济低迷，发达国家推出再工业化战略，积极吸引制造业回流，着力发展高端制造业，对我国制造业发展，尤其是制造业产业升级造成巨大压力。在两头夹击下，中国制造业很可能会面临生产能力的"真空"，即在低端劳动密集型生产环节不具备劳动力成本的国际竞争力，而在高端资本和技术密集型生产环节不具备核心技术能力。制造业作为国民经济的主导行业，对经济长期稳定发展起着至关重要的作用。在这一背景下，研究产业升级的影响因素、引导制造业向高级价值链的攀升刻不容缓。

二、研究意义

国际分工深化到产品、工序层面，跨国公司为追求利润最大化，在全球范围内布局生产，尽可能地使具有不同规模经济的各个环节实现各自的规模经济。根据全球价值链理论和微笑曲线，谁掌握了价值链的主导、控制权，谁就掌握了更高的获利能力。价值链的主导、控制方往往从事高增加值环节的生产，也就是微笑曲线的两端，主要有研发、设计、营销和售后，而将低增加值生产环节转移到发展中国家。由于发达国家对技术和知识产权的保护，发展中国家难以突破低端生产环节的束缚，实现自身的产业升级。同时由于过度依赖进口中间产品导致贸易增加值长期处于较低水平，导致国际收入差距进一步扩大。制造业作为国民经济的基础与核心，不仅是国民经济的战略性产业，而且对于整个国民经济实现产业升级发挥着至关重要的作用。发展中国家能否借助产品内国际分工的发展，通过嵌入全球价值链，依靠跨国公司的知识转移和技术溢出实现自身产品质量和技术的提高和产业升级；抑或是增加研发投入、促进人力资本积累和发展配套服务设施提高东道国的吸收能力，强化技术溢出的效能；抑或是突破发达国家的价值链低端锁定，通过构建自己的全球价值链实现价值链的攀升和增加值的提高，是当前各国或地区政府关心的重点、学者研究的热点。

中国是最大的发展中国家，改革开放后，中国对外贸易迅速增长，在国际市场上扮演着越来越重要的角色。但是中国以产品内国际分工为特征的加工贸易盛行，因而隐藏在全额贸易统计数据背后的是日益突出的结构性矛盾，这一问题已经成为影响我国经济健康发展的主要障碍之一。统计数据表明，中国的对外贸易增长主要来自以外商投资企业为主的加工贸易，中国在这一过程中仅仅扮演着"世界打工仔"的角色。这种"两头在外"贸易模式导致中国长期被锁定在价值链的低端环节，从事简单的加工与装配，赚取低廉的加工费。中国快速增长的贸易总量和贸易顺差掩盖了中国进口大量核心零部件、在国内从事简单装配的真相。现有分析表明，中国的高新技术产品和机电产品出口同样处于低增加值的生产阶段。长期以来，中国着眼于当前静态比较优势的贸易利得，较少关注长期战略意义上动态比较优势，制约了产业升级的动能，陷入比较优势陷阱。受发达国家抑制和东南亚后起发展中国家追赶，中国制造业能否抓住机遇、突破价值链锁定，实现制造业产业升级直接关系到国民经济长远、健康、可持续发展。本书正是基于这样的观察，旨在通过对中国的经验研究解释中国外贸的发展现状、通过对垂直专业化分工的研究解读制造业产品技术复杂度提升的影响因素以及全球价值链攀升规律和机制，对完善产业升级理论体系、促进产业升级和经济健康、长远发展无疑具有非常重要的理论及现实意义。

第二节 研究思路与主要内容

一、研究思路

本书在搜集并整理已有关于产品内国际分工与产业升级的理论研究和经验分析的相关文献后，利用相关经济和贸易数据对制造业各部门的垂直专业化率和出口复杂度进行测度，从实证方面研究产品内国际分工的决定因素以及对产业升级的影响。重点探讨了以下几个问题：中国制造业各部门参与全球产品内国际分工的现状如何？参与产品内国际分工如何实现产业升级？出口复杂度的影响因素有哪些？以上这些结论对中国出口发展战略和相关政策的制定有何参考和借鉴意义？在对上述问题进行研究的过程中，本书遵循了"提出问题——模型构建——实证检验——政策建议"的研究思路。

二、主要内容

本书共分为六章，主要研究内容包括：

导论部分主要包括本书的选题背景、研究意义、研究思路与方法、逻辑框架与内容安排以及可能存在的创新点与不足。

第一章为理论基础与文献综述。本章主要包括两部分理论内容：一是产品内国际分工理论，主要包括产品内国际分工的内涵、动因、组织形式、经济效应和测度方法等；二是产业升级理论，包括产业升级的内涵、一般规律、内在机制、评价方法和对经济增长的贡献等。本章内容以产品内国际分工背景下产业升级理论的概括性综述与评价为主，以期为本书深入分析研究提供理论背景和实证分析基点。

第二章为中国制造业现状分析。本章首先从两个角度对中国制造业现状进行了分析，这两个角度分别是制造业对外贸易总量分析和制造业中间产品贸易分析；在描述性分析的基础上，对中国制造业各部门的产品内国际分工程度进行了测度，并对其变化趋势进行分析，选用的指标是垂直专业化率（VSS）。在此基础上构建计量方程且运用面板数据模型对中国参与产品内国际分工的决定因素进行了实证分析。

第三章是关于产品内国际分工与产业升级内在联系机理的理论分析。首先，对产品内国际分工与产业升级（价值链升级）之间传导机制进行了深入分析。其次，在此基础上，参照黄永明、张文洁（2012）等人理论模型，对全球碎片化生产模式下产品技术复杂度提升的影响因素以及各影响因素可能的影响方向进行数理剖析，为实证模型的构建提供理论基础。

第四章致力于对制造业产业升级进行量化测度和分析。本章首先从行业层面对出口产品的技术复杂度进行了测算，对其变化趋势进行分析，并根据出口复杂度的高低将中国 15 个制造业部门划分为低技术复杂度部门、中等偏低技术复杂度部门、中等偏高技术复杂度部门与高技术复杂度部门。其次，在此基础上将该研究拓展到国家（地区）层面，通过横向对比中国与其他国家（地区）的产品技术复杂度，明确中国产业升级的现状发展阶段。

第五章是中国制造业产业升级的影响因素分析。本章在第三章理论分析和第四章对各类指标进行测算的基础上开展实证研究，分析产业升级的制约因素。为确保实证分析的可信度，增强分析结论的说服力，实证分析部分采用不同衡量指标，从多个角度分别进行分析，以期得到显著、可靠的结论。

第六章是结论与政策建议。本章将对本书的主要结论进行总结，并在此基础上提出促进中国制造业产业升级的政策建议。

第三节　研究方法

本书主要采用国际经济学及产业经济学理论，由描述性统计得到中国制造业参与产品内国际分工的基本特征，并结合计量经济学方法，利用跨国面板数据全面研究产品内国际分工对制造业产业升级的影响。本书以定量分析为主，定性分析为辅，测算了中国参与产品内国际分工程度及其影响因素，纵向、横向对比分析出口复杂度，实证检验了产业升级的影响因素。主要采用了以下研究方法。

一、理论分析与实证分析相结合

本书主要以宏观经济学、国际经济学和产业经济学等学科知识为工具，通过梳理产品内国际分工与产业升级的内在逻辑联系，建立数理模型对这一问题进行深入分析，在此基础上，通过对产品内国际分工和产业升级等指标的测度，建立实证分析计量模型，对两者的数量关系进行分析。遵循阐述问题——论证问题——检验论证、理论分析与实证分析相结合的思路，全面翔实地对产品内国际分工与产业价值链升级之间的关系进行论述。

二、定性与定量分析相结合

通过定性分析深入研究中国制造业参与产品内国际分工的现状,对中间品的贸易总量、贸易方向以及贸易类别和贸易商品等进行全面论述,以期通过翔实的描述性分析,研究中间产品在过去十几年的发展变化,重现历史,为理论分析和定量分析提供数据基础。定量分析中通过海关 HS-6 位编码贸易数据对垂直专业化率、技术复杂度进行测度,并在此基础上运用面板等计量方法对研究对象之间的关系进行量化分析。采用定性分析与定量分析相结合的方法进行研究,全面揭示中国产品内国际分工地位、产业价值链提升等问题。

三、横向分析和纵向分析相结合

本书通过对中国历史数据的分析、对关键年份数据的比对,直观反映了中国参与全球产品内国际分工的进程以及产业升级进程。通过时间序列的纵向对比分析,了解中国制造业产业发展现状,可以更好地判断未来走势,为建议的提出提供依据。与此同时,将视野转向全球经济,从全球经济发展进程中审视中国经济的发展和产业转移的现状,通过横向对比与欧美发达国家价值链的差距以及与东亚国家的优势与劣势,准确定位中国产业升级所处的国际地位,以便更好地从战略高度发展动态比较优势促进中国参与产品内国际分工的深化,促进产业价值链提升。

第四节 本书研究视角和可能的创新

一、研究视角

传统国际分工理论将研究视角着眼于产业间和产业内的不同产品

层面，随着国际分工的深化，分工内容逐渐深入环节与工序层面，因而从价值链视角来考察国际分工地位和产业发展现状更符合当前现实。本书基于产品内国际分工和全球价值链相关理论，按照规范的经济学方法系统研究制造业产业升级等问题。

二、可能的创新点

（一）理论创新

首先，本书从规范的经济学视角对产品内国际分工地位和价值链提升影响因素以及两者内在联系和作用机制进行了系统研究，避免了多数文献从管理学的维度对这一问题所做的单一的定性研究或案例分析。

其次，针对国际贸易理论滞后于国际贸易实践、产品内国际分工基本理论构架反应滞后的现状，本书通过对文献的系统梳理，详细阐述了产品内国际分工的相关理论，并对产品内国际分工模式下的产业升级理论进行了拓展。

（二）研究方法创新

首先，本书在中国分工地位的评判和出口复杂度的测算上，采用联合国商品贸易数据库 HS-6 位编码细分数据进行分析，提高了衡量指标的精确度，使有关中国制造业国际分工地位的评价结果和出口复杂度的测算结果更为全面、细致、准确。

其次，本书从产品、行业、国家三个层面度量了中国出口技术复杂度，既有行业层面的分析，又有国家层面的分析，相辅相成，增强了分析的可靠性和说服力，克服了简单的高、中、低水平划分方法的随意性。

最后，传统分析以定性分析和案例分析为主，本书以数量分析、计量分析为主，分析方法更为客观，分析结果也更具普适性。在计量分析过程中，本书从多层次、多角度进行分析，并充分考虑模型的内生性，采用系统 GMM 方法以确保计量结果更为准确可靠。

总之，本书在产品内国际分工框架下，运用国际经济、产业经济学理论，通过理论与实证分析相结合，建立适当的指标和计量模型，对产品内国际分工的决定因素、出口技术复杂度的影响因素进行分析，准确把握产业升级的影响机制，丰富了相关产品内国际分工与产业升级理论体系。

三、本书的不足

全球价值链不仅包括生产环节，还包括研发、设计、营销等环节，所涉及的行业范围也并不只局限于制造业，还包括农业、服务业等部门。然而，受数据限制，本书将研究对象确定为制造业的生产环节，这在一定程度上削弱了研究结论的普适性。但考虑到产品内国际分工主要发生在制造业部门，本书的研究成果仍具有一定的理论价值和实践意义。

产品内国际分工使分工从产品间扩展到产品内部，比较优势、规模经济等因素已不再停留在产品层面，而是深入各个生产环节中。中间产品的跨国、跨区域流动与产业组织方式密切相关。产品内国际分工的发生主要有两种组织形式，即国际直接投资（FDI）和国际外包。因此，对于产品内国际分工的研究还需要进一步把产业组织理论与契约理论的概念引入分析模型，将企业组织模式选择和国际分工与贸易结合起来，关于这一点的研究正是本书所欠缺的。

产品内国际分工与
中国制造业
产业升级
Chapter 1

第一章　理论基础与文献综述

第一节　产品内国际分工研究述评

随着经济全球一体化、技术进步和运输工具的发展，跨国公司在全球范围内寻找生产要素，配置生产资源，降低生产成本成为可能。以零部件为主要内容的中间品贸易大幅增长，生产的国际化与分散化成为国际贸易的主要特征，垂直专业化和产品内贸易的出现推动了国际分工向产品内国际分工发展。这一现象吸引了众多学者的眼球，关于这一现象的研究也越来越多地成为国际经济领域研究的热点问题之一。

一、产品内国际分工的内涵

（一）产品内国际分工的内涵

20世纪60年代后期，发达国家出口中间产品进行海外组装、发展中国家出口制成品是产品内国际分工的早期表现形式。发展中国家工业制成品出口大幅上升引起 Helleiner（1973）的关注，通过研究发现这一现象与制造业的国际纵向一体化相关，不仅如此，发展中国家制成品行业大多集中于劳动密集型行业。这种基于比较优势的跨国分工生产就是产品内国际分工的雏形。Dixit 和 Grosssman（1982）认为一国或地区的比较优势是决定其参与产品生产工序垂直化分工的基础和决定因素；在生产工序垂直化分工背景下，每一种产品的生产都需要经过若干工序才能完成，每一产品又作为其他产品的中间投入进入下一工序。Jones 和 Kierzkowski（1988）首次使用零散化生产（Production Fragmentation）对生产活动不同空间区位的分离进行描述。Arndt（1997）研究了分包对就业和收入的影响，在文章中作者分别采用了海外外包（Offshore Sourcing）、转包（Sub-constracting）、产品内国际分工（Intra-product Specialization）、全球外包（Global Sourcing）等多种表述刻画产品工序的分散化生产。Arnte（1997）将产品内国际分工定义为一种产品的生产过程可以按要素禀赋分割为不同的环节，不同的生产环节被分散配置在全球不同国家或地区的分工现象。Gereffi（1999）从全球商品链视角分析产品内国际分工，并以服装业为例考察了买方价值链驱动的特点以及产业升级路径。Hummels，Ishii和Yi（2001）用垂直贸易（Vertical Trade）表述国际贸易的变化——进口原材料进行出口产品生产。Hummels发现生产和贸易越来越多地表现为不同国家之间的垂直化生产与贸易，在垂直化生产中每个国家专业化生产特定的产品，从事特定阶段的生产，他把这种现象称为垂直专业化（Vertical Specialization）。产品内国际分工吸引了最杰出的国际贸易理论工作者的注意，并成为西方国际经济领域最热门的话题之一。从已有的文献来看，这一现象存在不同的概括，主要的术语包括生产非当地化（Leamer，1998）、价值链的切片化（Krugman，1995）、外包（Feenstra and Hanson，1996；Grossmanand Helpman，2002）、片段化（Jones and Kierzkowski，1997；Arndt and Kierzkowski，2001）、产品内国际分工（Arndt，1997）、垂直专业化（Balassa，1967；Hummels，Ishii and Yi，2001）等。以上各种对产品碎片化生产的名称虽有不同，但其内在含义基本一致，均指国际化生产这一现象，刻画了当代国际分工基本层面从产品深入工序的特点。除特别指出外，本书对上述概念将不加以区别。其中，垂直专业化这一表述最早由Balassa（1967）提出，由Hummels，Papoport和Yi（1998）在此基础上加以完善，并指出垂直专业化分工必须满足三个条件：（1）最终产品的生产由多个连续、可分解的过程或环节构成；（2）至少有两个以上的国家从事产品生产过程某一阶段的专业化生产；（3）至少有一个国家在生产过程中使用的投入品是通过进口取得的，其产出又被出口。随后，Hummels，Ishii和Yi（2001）系统规范地对垂直专业化这一概念作出了界定：垂直专业化是指一个国家进口的中间产品,并且这些中间产品被该国再生产加工增值后出口到另一个国家(见图1-1)。

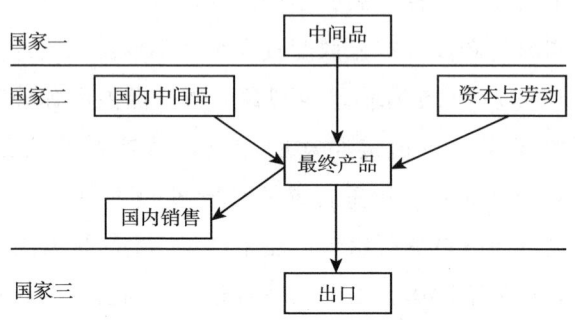

图1-1 垂直专业化示意图

资料来源:Hummels David,Ishii Jun,Kei-Mu Yi. *The nature and growth of vertical specialization in world trade* [J]. Journal of International Economics,2001,(1):78.

卢锋(2004)在前人研究的基础上,提出了产品内国际分工的概念:"产品内国际分工"是一种特殊的经济国际化演进过程或展开结构,其核心内涵是特定产品生产过程不同工序或区段,通过空间分散化展开成跨区或跨国性的生产链条或体系,从而使越来越多国家或地区企业参与特定产品生产过程不同环节或区段的生产或供应活动。根据卢峰的定义,产品内国际分工分为国内产品内国际分工和国际产品内国际分工,本书集中讨论国际产品内国际分工,后面若无特别说明,产品内国际分工皆指产品内国际分工。

在卢峰关于产品内国际分工的定义中,其核心概念有两个:一是产品,二是生产过程。为进一步理解产品内国际分工的内涵,需要理解产品和生产过程的概念。首先是产品,本书中产品是指能独立发挥某种消费和生产功能的物品,不包括自身形态上不具备独立的消费或生产功能,而通过加工、组装等工序形成能独立发挥某种消费和生产功能的物品。具体可分为消费品和资本品两大类①;其次是产品生产

---

① 卢峰.产品内国际分工.经济学(季刊),2004(10).

过程，不仅包括狭义的生产制造，而且包括产品设计、流通、营销、品牌创建的整个过程，即全球价值链上的各个环节都是生产过程的一种。

(二) 产品内国际分工相关概念介绍

产品内国际分工出现在国际分工的深化阶段。为更好地理解产品内国际分工与以往分工形式不同，有必要对产业间分工（Inter-industry Specialization）和产业内分工（Intra-industry Specialization）做简要介绍。产业间分工与产业间贸易（Inter-industry Trade）相联系，其理论基础主要是大卫·李嘉图（David Ricardo）的比较优势理论、伊·菲·赫克歇尔（Eli F. Heckscher）和贝蒂·戈特哈德·俄林（Bertil Gotthard Ohlin）的要素禀赋理论。从分工和贸易之间的对称关系看，产业间分工是由要素结构和相对价格差异决定的国际分工。产业间分工大多以发展中国家出口原材料到发达国家、发达国家出口制成品至发展中国家的形式存在。产业内分工与产业内贸易（Intra-industry trade）相联系，其理论基础是规模经济理论。从分工和贸易之间的对称关系看，产业内分工主要是由偏好多样性和规模经济派生的国际分工（Krugman，1979，1981），主要发生在发达国家之间、发达国家和新兴工业化国家之间、发达国家与部分发展中国家之间。20世纪50年代以来，产业内分工得到快速发展，但对于地域分布差异较大的资源性产品，仍以产业间贸易进行，如中东国家出口石油、澳大利亚出口铁矿石、中国出口稀有金属等。产品内国际分工是指一种产品的生产过程可以按要素禀赋分割为不同的环节，不同的生产环节被分散配置在全球不同国家或地区的分工现象（Arnte，1997）。产品内国际分工根据分工方式的不同又可分为垂直型产品内国际分工和水平型产品内国际分工，前者指同一产品价值链中上下游价值环节或工序的国际分工，后者是指同一产品价值链中技术水平和密集度相似环节或工序的国际分工。由于本书的分析重点是产业价值链的升级，因此本书讨论的重点是垂直型产品内国际分工（见表1-1）。

表1-1　　　　　　　　各类国际分工的比较

国际分工基本类型	产业间分工	产业内分工	产品内国际分工	
			垂直型产品内国际分工	水平型产品内国际分工
基于价值链视角的界定	不同产业价值链的国际分工	同一产业中不同产品价值链的国际分工	同一产品价值链中上下游价值环节（或工序）的国际分工	同一产品价值链中技术水平和密集度相似环节（或工序）的国际分工
基本分工结构	垂直型	水平型	垂直型	水平型
分工的国别	发达国家与众多发展中国家之间	发达国家之间、发达国家和新兴工业化国家之间、发达国家与部分发展中国家之间	发达国家和新兴工业化国家之间、发达国家与部分发展中国家之间	发达国家之间、发达国家和新兴工业化国家之间、发达国家与部分发展中国家之间
分工的主要方式和手段	产业间一般国际贸易	产业内一般国际贸易、公司内贸易、国际直接投资	一般国际贸易、加工贸易、全球外包、OEM、ODM、国际直接投资、公司内贸易	一般国际贸易、全球合同外包、国际直接投资、公司内贸易、战略联盟等
分工的理论依据	比较优势理论、资源禀赋理论	规模经济理论、竞争优势理论	比较优势理论、竞争优势理论、规模经济理论、交易成本理论、内部化理论等	
分工基本演进趋势	→→→→→→→→→→→→→→→→→→→→→→→→→→→→→→			

资料来源：朱有为，张向阳. 价值链模块化、国际分工与制造业升级 [J]. 国际贸易问题，2005（9）：100.

此外，在国际经济学和产业经济学、管理学交叉领域，众多学者对全球分散化生产进行了研究，无论是对全球价值链的研究，还是对全球生产网络、模块化生产，甚至产业集聚的研究都涉及了产品内国际分工的概念，同时对于这些概念的研究也为研究产品内国际分工拓宽了思路。这些概念之间既有交叉又各有侧重点。全球生产网络（Ernst，1999）是以跨国公司为中心，以价值链为连接形成的世界各地参与产品不同阶段的职能活动的总和，这一概念不仅包括国际化分散生产过程，还包括生产活动中企业组织形式的选择。模块化生产将企业层面的分工扩展到产业组织的领域模块化现象在信息产业、汽车等几个产业领域里从生产过程扩展到了设计过程，同时指出了模块化对产业组织结构所具有的革命性意义。产业集聚是指同一产业在某个特定地理区域内高度集中，产业资本要素在空间范围内不断汇聚的一个过程。这一概念侧重于讨论产业在空间地理上的集中。全球价值链是指在全球范围内为实现商品或服务价值而连接生产、销售、回收处理等过程的全球性跨企业网络组织，涉及从原来采集和运输、半成品和成品的生产和分销，直至最终消费和回收处理的过程[①]。

二、产品内国际分工主要测度方法

产品内国际分工主要体现在产品的全球碎片化生产，因此中间产品在全球的流动成为衡量产品内国际分工程度的重要指标。从理论上讲，一国进口的产品可以分为中间投入品和最终消费品，通过测度中间投入品的数据可以掌握产品内国际分工的情况，然而这一数据的获得依赖于企业微观数据，目前这一数据几乎不可得。因此目前对中间投入品的估算大多采用宏观数据，其主要度量方法有如下三种。

（一）基于零部件进出口贸易的测度

这种算法根据国际标准贸易分类法（SITC），将名称为零件和部件（Parts and Components）的产品进口额进行加总，计算出其在进口贸易总量中的份额来衡量中间品贸易的发展趋势（Yeats，2001）。该

---

① 联合国工业发展组织：《2002—2003年度工业发展报告（通过创新和学习来参与竞争）》。

指标适用于国家层面总体分工程度的度量。

（二）基于 BEC 分类标准的测度

这种测度方法的依据是联合国广义分类法（简称 BEC）。这种算法的优势在于可以将贸易数据转换为《国民经济核算体系》（SNA）框架下按最终用途划分的三个基本货物门类，即资本品、中间产品和消费品，从而实现对中间产品的统计。该算法计算公式如下：

$$产品内分工程度 = \frac{中间品贸易额}{贸易总额} \times 100\% \qquad (1-1)$$

此外，Feenstra 和 Hanson（1999）用进口的中间投入品占总消费比例来衡量产品内国际分工的发展程度；Egger（2001）采用进口的中间投入占总产出比重来衡量产品内国际分工的发展程度。

（三）基于加工贸易数据的测度

加工贸易是指经营企业进口全部或者部分原辅材料、零部件、元器件、包装材料（以下简称料件），经加工或装配后，将制成品复出口的活动，包括进料加工、来料加工、装配业务和协作生产①。加工贸易是各国或地区参与产品内国际分工的主要方式，发展中国家通过来料加工或进料加工的方式承接从发达国家分离出来的生产阶段或环节，进行加工生产复出口，获取附加价值。加工贸易符合垂直专业化的定义，在发展中国家的对外贸易中占有较大比重，且统计数据比较完善，所以部分学者采用加工贸易数据测量发展中国家的产品内国际分工（Feenstra and Hanson，2003；张纪，2007）。

（四）基于投入产出表的测度

投入产出技术最早由美国经济学家里昂惕夫创立。1931 年里昂

---

① 《中华人民共和国海关对加工贸易货物监管办法》（海关总署令第 113 号）。

惕夫编制美国 1919 年、1929 年投入产出表，用于研究美国经济结构；1936 年里昂惕夫在美国《经济学与统计学评论》发表《美国经济制度中的投入产出分析》，标志着投入产出分析正式创立。里昂惕夫也因为在投入产出分析方面的贡献获得 1973 年诺贝尔经济学奖。中国引入投入产出技术始于 20 世纪 50 年代末，1979 年中国编制 1973 年投入产出表。从 1987 年开始编表制度化，国家统计局逢 2、7 年份每 5 年开展一次大规模投入产出专项调查，并在此基础上编制投入产出基准表，逢 0、5 年份编制投入产出延长表。

投入产出表用棋盘式平衡表的形式模拟了实际经济系统中各部分的相互联系。横向表示产出指标，包括总产出，即经济系统各部门在一定时期内生产的所有货物和服务的价值，既包括新增价值，也包括转移价值；中间使用，即各部门生产的产品（或服务）分配给各部门在生产过程中消耗的数量；最终使用：指已退出或暂退出本期生产活动而为最终需求所提供的货物和服务。纵向表示投入指标，包括总投入，即一定时期内经济系统各部门进行生产活动的所有投入，包括中间投入和最初投入；中间投入，即生产过程中消耗（一次性转移）的货物和服务；最初投入，即经济系统各部门在生产过程中所创造的新增价值和固定资产的转移价值。

利用投入产品表对产品内国际分工进行测度的方法大致有两种：

（1）Feenstra（1996，1999）的方法。该学者选取美国标准行业编码 SIC4 分位进口数据，用进口中间投入占全部非能源物品购买额的比例来度量产品内贸易，其计算公式如下：

$$\text{importedinputs}_j = \sum_i \text{input}_{ij} \times \frac{\text{imports}_i}{\text{totalcomsumption}_i} \quad (1-2)$$

其中，importedinputs_j 是 j 行业进口的中间投入，input_{ij} 是行业 j 从 i 行业进口的中间投入，imports_i 是 i 行业进口，$\text{totalcomsumption}_i$ 是 i 行业的总消费。这个定义表示进口的中间投入品在总的中间投入中的比例。理论上说，产品内贸易值介于 0 和 1 之间，越靠近 0，表明中间投入中来自国外的部分越少,越靠近 1 表明有越多的中间投入来自国外。

(2) Hummels (1998, 2001) 的垂直专业化指数 (vertical specialization, VS) 方法。Hummels 等 (1998, 2001) 运用投入产出表及进出口统计数据,建立的 VS 指标测度产品内国际分工。用 VS 来表示行业的产品内贸易额 (垂直贸易额) 公式如下:

$$VS_i = \left(\frac{M_i}{Y_i}\right) X_i$$
$$= \left(\frac{X_i}{Y_i}\right) M_i \qquad (1-3)$$

其中,M_i 表示行业 i 进口中间产品,Y_i 为行业 i 的总产出,X_i 是行业 i 的出口。

用本国产品内贸易额占总出口的比重来表示本国垂直专业化程度,则一个国家 (地区) 的垂直专业化程度 VSS 可以表示为:

$$VSS = \frac{VS}{X} = \frac{\sum_i VS_i}{\sum_i X_i} = \frac{\sum_i (VS_i/X_i) X_i}{\sum_i X_i} = \sum_i \left[\left(\frac{X_i}{X}\right)\left(\frac{VS_i}{X_i}\right)\right] \qquad (1-4)$$

式 (1-3) 中的 VS_i 代入式 (1-4) 中,得:

$$VSS = \frac{\sum_i VS_i}{X} = \frac{1}{X} \sum_{i=1}^{n} \left(\frac{M_i}{Y_i}\right) X_i = \frac{1}{X} \sum_{i=1}^{n} \frac{X_i}{Y_i} \left(\sum_{j=1}^{n} M_{ji}\right)$$
$$= \frac{1}{X} \sum_{i=1}^{n} \sum_{j=1}^{n} \frac{X_i}{Y_i} M_{ji} = \frac{1}{X} \sum_{j=1}^{n} \sum_{i=1}^{n} \frac{X_i}{Y_i} M_{ij} \qquad (1-5)$$

令 $a_{ij} = \frac{M_{ij}}{Y_i}$,即生产一单位 j 行业产品需要从 i 部门进口 a_{ij} 单位的中间产品。写成矩阵形式:

$$VSS = \frac{1}{X}(1, 1, \cdots, 1) \begin{Bmatrix} a_{11}, & a_{12}, & \cdots, & a_{1n} \\ \cdots, & \cdots, & \cdots, & \cdots \\ a_{n1}, & a_{n2}, & \cdots, & a_{nn} \end{Bmatrix} \begin{Bmatrix} X_1 \\ \cdots \\ X_n \end{Bmatrix}$$
$$= \frac{1}{X} \mu A^M X^V \qquad (1-6)$$

其中，i 表示行业，n 是行业数目，$\mu = (1, 1, \cdots, 1)_{1 \times n}$，$A^M = \{a_{ij}\}_{n \times n}$ 是各行业对进口中间产品依存系数矩阵，元素 a_{ij} 指 j 行业单位产出使用的来自 i 行业的进口中间投入，$X^V = (X_1, X_2, \cdots, X_n)'$ 表示 n 维出口向量。

若考虑进口品在国内经济各个部门经过多次再加工的情况，则进口投入应该包括直接进口投入和间接进口投入两部分，运用完全消耗系数表示为：

$$VSS = \frac{1}{X} \mu A^M (I - A^D)^{-1} X^V \qquad (1-7)$$

$$VS = A^M (I - A^D) X^V \qquad (1-8)$$

其中，I 是单位矩阵，A^D 是 $(n \times n)$ 维的国内直接消耗系数矩阵，$[I - A^D]^{-1}$ 是里昂惕夫逆矩阵，它表示各部门进口的中间产品成为最终出口产品之前，体现在国内产出上的一种直接和间接的循环利用效应。

（五）对主要测度方法的简要评价

上述测量产品内国际分工的方法，各有优劣，简单分析如下：

基于零部件数据进行测算的方法直观，因此易于操作。但是这种方法的弊端亦显而易见，一是零部件并不等同于中间产品，这本身只是一种近似的替代，中间产品的范畴要大于零部件，因而这种直接估算法会低估中间产品贸易的情况；二是零部件数据本身在很多情况下并不与机械设备一一对应，如办公机器和自动数据处理机器的零部件就没有分开；三是根据这种统计只能从宏观上了解这个国家（地区）参与产品内国际分工的情况，缺乏微观视角。

基于 BEC 框架的测算，贸易统计可以与国民经济核算、工业统计等其他基本经济统计实现数据对碰，为更有效分析国别经济、区域经济、世界经济提供了有力的数据支持。该测算方法的弊端同样是缺乏微观视角，只是一种粗略的测度。

基于加工贸易数据的测度，好处是海关统计关于进料加工和来料加工的数据较为完善；其弊端将加工贸易数据加总处理后，各行业间的差异会无从表现。此外，加工贸易不仅包括进料加工、来料加工，还包括装配业务和协作生产。目前对于后两种的统计资料缺失也会影响测算结果的准确性，而且随着海关特殊监管区域的发展，符合产品内国际分工的情况，却不在加工贸易统计范畴的其他贸易方式的比重也逐步在增大，这同样会影响计算结果的准确性。

基于投入产出表的测度也存在不可避免的问题：一是投入产出表假定国民经济所有部门具有相同的进口品投入系数，这一假定与加工贸易与一般贸易进口品投入系数相差很大的事实相悖。二是在数据匹配过程中容易导致数据失真。联合国贸易统计使用的 HS 分类法或者 SITC 分类法与一国投入产出表中的产业部门并非直接的对应关系，而是需要进行分类汇总，而且 HS 编码每年会有调整，中国的投入产出表每年也会局部调整，如 1997 年有 124 个部门，而 2000 年只有 40 个部门。分类汇总过程往往导致数据失真。三是投入产出数据不完整，中国投入产出表每五年编制一次，目前只有 1992 年、1997 年、2002 年和 2007 年的数据，对于缺失的数据需要进行统计替代，其存在的问题可想而知。

总之，Feenstra 等人的计算更符合基本定义，但把进口产品区分为中间产品和最终产品是比较困难的。而 Hummels 等人的计算方法容易受产业链的不同阶段和最终产品相对价格的影响，且不包括一国进口中间投入品用以生产满足国内市场消费的部分，但该法数据容易获取，也方便应用于实证研究，所以近年来国内学者普遍采用这种方法来测度垂直专业化和产品内贸易。从计算的结果来看，两种方法在贸易的增长趋势、国别差异与产业差异等几个方面的结论是基本相同的（田文，2004）。因此，本书涉及的计量将选取 Hummels 等人的方法为产品内贸易额的计算口径。

三、产品内国际分工的理论基础与决定因素

(一) 产品内国际分工的理论基础

20 世纪 90 年代，产品内国际分工的出现引起学界注意，面对这一新型的分工形式，经济学家试图从理论上对产品内国际分工进行研究。

1. 李嘉图比较优势理论与产品内国际分工

李嘉图比较优势理论是用相对劳动生产率差异来解释贸易原因、模式和贸易收益的一种贸易理论。比较优势理论认为贸易模式由相对劳动生产率而不是绝对劳动生产率的高低来决定，一国可以通过专业化生产并出口相对劳动生产率较高的产品，进口相对劳动生产率较低的产品而获益。Dixit 和 Grossman（1982）认为产品内国际分工取决于比较优势，要素禀赋通过改变比较优势从而调整资源的配置。Jones 和 Kierzkowski（1998）认为基于比较优势的产品内国际分工可以使各国或地区从专业化分工中获益。Görg（2000）实证分析了片断化生产决定因素，认为跨国公司或国外直接投资、较低的劳动成本和产业部门比较优势决定了一国某行业的片断化吸引力。Amighini（2005）利用联合国商品贸易统计数据库 SITC 五位编码数据对信息通信技术产业的进出口情况进行了分析，认为中国在该产业从纯粹的进口零部件组装出口产品发展到制造技术密集型产品尤其是零部件出口，实现了产业升级。Baldwin 和 Nicoud（2007）认为产品内国际分工与不同生产环节的要素密集度密切相关，即资本密集型环节会配置于资本相对丰裕的国家或地区，劳动密集型环节会配置于劳动相对丰裕的国家或地区。Schott（2004）、Koopman, Wang 和 Wei（2008，2012）以及中国学者平新乔（2006）、张小蒂和孙景蔚（2006）关于中国的实证分析也证实了这一点：中国在产品内国际分工过程中，从事的主要是劳动密集型环节的生产。以上研究表明李嘉图比较优势理

论和要素禀赋差异比较优势理论对于解释产品内国际分工具有很强解释力。但是传统的比较优势理论以产品为单位，而产品内国际分工以生产阶段或环节为单位；此外，传统比较优势理论假定要素是同质的，要素相对价格差别越大越有利于分工的发生，而要素异质性能够很好地解释产品内国际分工，因为过于悬殊的要素差异不能满足相应的技术要求和产品质量要求。

2. 规模经济与产品内国际分工

规模经济是指在一定的产量范围内，产量与单位成本存在反向关系。存在规模经济场合，如果企业能够在给定市场需求数量以内，通过分工组合各自扩大规模进行生产，就可能节省成本和提升资源配置效率。如果不存在产品内国际分工，即产品的生产无法实现工序或环节的片段化生产，那么企业只能依据某个特定的工序或环节的有效规模安排整体生产规模，在这种情况下，如果该产品不同生产环节或工序对应不同的有效规模，那么被动接受根据其他环节确定的规模而进行生产的环节将无法达到最佳规模。因为如果按照某一工序的最佳规模来安排生产，其他工序就无法充分获取规模经济利益。产品内国际分工为单个工序或部件的规模化生产提供了条件。由于给定产品的不同生产区段有效规模不同，有可能通过产品内国际分工，把对应不同有效规模的产出区段分离出来，安排到不同空间场合进行生产，从而达到节省平均成本和提升资源配置效率目标。

从经验观察的角度分析，Gereffi（2001）、Humphrey 和 Memedovic（2003）认为规模经济对于零部件供应商和终端产品生产商至关重要。Jones 和 Kierzkoski（1998）认为通信、运输和金融服务成本的下降是导致产品内国际分工发生的重要原因，而服务的一个重要性质就是规模报酬递增，因而能够产生规模经济效应。Van Long、Riezman 和 Soubeyran（2001）通过一个包括制造部门和服务部门的一般均衡模型解释了专业化服务部门的发展对片断化生产和外包的推动作用。Grossman 和 Helpman（2002）的模型表明外包伙伴的配对具有规模报酬递增的特点，越是零部件供应商集中的地方越容易产生外包型生产。实证研究方面，Jones、Kierzkowski 和 Chen（2005）以中间产品贸易占比作为产品内国际分工的衡量指标，对产品内国际分工和市场规模、服务成本的关系进行了实证分析，结果表明市场规模扩大和服务成本的下降会促进中间产品贸易的增长。卢锋（2004）认为同一个产品的不同生产环节（或工序）具有不同的最佳生产规模，若将所有生产环节（或工序）集中在一家企业完成，就只能够按照某一个环节（或工序）的最佳规模生产；若能够将不同生产环节（或工序）分散到不同的国家生产，就可同时实现所有环节（或工序）的最佳生产规模，从而能够充分获取规模经济收益。

3. 交易成本与产品内国际分工

交易成本的概念最早由诺贝尔经济学奖得主科斯（Coase, 1937）在《企业的性质》一文中提出。Coase 认为价格机制和市场运行都存在成本，当企业组织生产的交易费用低于市场组织的交易费用，生产才得以进行。Demsetz（1972）认为交易成本是交换所有权的成本；Dahlman（1979）将交易内容进行类别化处理，认为交易成本包含搜寻信息的成本、协商与决策成本、契约成本、监督成本、执行成本与转换成本等的各项成本。

由于产品内国际分工涉及分布在不同国家或地区的各生产环节之间的衔接配合及零部件等中间产品和服务的多次跨国交换，交易成本对其影响更为重要。对于产品内国际分工而言，除了需要支付衔接不同空间区位经济活动的运输和协调成本外，还须支付因发生跨境经济活动而产生的相关费用。Hummels，Rapoport 和 Yi（1998）以及 Hummels，Ishii 和 Yi（2001）认为贸易壁垒的不断下降为全球价值链的资源配置提供了经济上的激励，是垂直专业化快速发展的主要原因。Grossman 和 Helpman（2002）认为外包的程度取决于在每个市场搜寻的相对成本、定制化投入品的相对成本以及每个国家的合约环境性质，这些交易成本决定了一国或地区参与产品内国际分工的能力。

Egger（2003）认为关税和非关税贸易壁垒的降低促使发达国家把劳动力密集型生产环节转移到发展中国家和地区。此外，与交易成本密切相关的还包括基础设施、合同环境、法律制度、政治稳定性以及经济政策连续性等方面的内容。Jones，Kierzkowski 和 Chen（2005）认为，技术进步和服务成本尤其是通信、运输以及金融服务成本的下降会促进垂直一体化生产的国际分割，推动产品内国际分工发展。卢峰（2004）将关税、海关稽查、检验检疫、签证、安检等费用以及因制度、政策、习俗、语言等差异产生的成本统称为"跨境生产交易成本"。这类交易成本越低，产品内国际分工发生的可能性越大，也只有在这些方面比较完善的国家或地区才能有更多的机会参与产品内国际分工。Gereffi，Humphrey 和 Sturgeon（2005）基于交易成本经济学、生产网络等多角度研究发现，决定全球价值链治理模式的三个重要变量，分别是交易的复杂性、对交易编码的能力和供给基地的能力，并在此基础上提出全球价值链五种治理模式：科层型、依附型、关系型、模块型、市场型。这五种治理模式依据显性协调水平、权力不对称性不同将产生不同的交易费用。在科层型治理模式下，显性协调水平差、权利不对称性高，交易成本最高；在市场型治理模式下，交易相对简单，双方通过价格和契约控制交易的不确定性，交易成本最低，产品内国际分工最易开展。宋捷（2011）认为，在产品内国际分工背景下，与交易成本紧密相关的还包括基础设施、合同环境、法律制度、市场体系、行政体制效率、政治稳定性、经济政策连续性等方面的内容。政治稳定、制度健全的国家和地区才会降低交易成本从而对产品内国际分工产生足够的吸引力。

（二）产品内国际分工的决定因素

产品内国际分工的基础主要从理论角度探讨产品内国际分工出现的源泉，而产品内国际分工的决定因素主要分析影响产品内国际分工强度或密度的因素。对这一问题进行研究的学者主要有 Jones 和 Kierzkowski（1990，1997）、Deardorff（2001）、Hummels 等（1998a，2001b）以及卢峰（2004）。

产品内国际分工是全球化和垂直专业化发展的结果，而第三次科技革命所带来的生产力的巨大发展对产品内国际分工的出现产生了重要影响。技术进步、运输和管理成本下降以及政策鼓励推动国际分工从产品向工序和流程发展，从而为产品内国际分工奠定基础。Hummels（1998a，2001b）将产品内国际分工的发展归结为两个方面：一是运输和通讯技术进步，二是贸易壁垒降低。Hummels 认为贸易壁垒的降低使贸易自由化的利益惠及产品内国际分工链条上的各个环节，促进了这一分工模式的发展。Jones 和 Kierzkowski（2000）认为技术进步是产品内国际分工的主要推动力量。本节将在前人研究的基础上，将产品内国际分工的决定因素分为技术因素和政策因素两类。

1. 产品内国际分工的技术因素

科学技术是第一生产力，生产力的发展从根本上决定了国际分工的发展。技术进步不仅影响了产品本身的技术和工艺，而且降低了运输成本和管理成本。

（1）技术进步使生产过程获得技术上的可分离性。

产品内国际分工要求产品生产过程实现工艺、流程上的分解，并分配到不同空间区位进行生产，而生产过程工艺、流程的分解取决于生产过程的技术属性。卢峰（2004）表示，当其他条件给定时，不同生产区段的空间可分离性越大，产品内国际分工潜在的可能性和实现强度越大。科技进步使生产工艺、流程的分解成为现实，制造业尤为如此。

（2）技术进步降低了产品与中间产品的物流成本。

在产品内国际分工体系下，产品的不同生产工序和流程被分散在不同国家进行，由此产生中间产品运输等成本。因此，产品运输成本大小决定了是否采取产品内国际分工的生产方式，只有当因产品内国际分工所带来的运输成本的增加低于因产品内国际分工所产生的收益的情况下，产品内国际分工才会发生。当交易费用下降到一个很显著的水平时，公司才会进行生产流程分割并利用不同地方的比较优势（Hanson、Mataloni and Slaughter，2002）。运输成本决定了产品内国际分工的强度，产品单位价值量的运输成本，或运输成本占产品总价值量的比率，与产品内国际分工强度具有反向关系（卢峰，2004）。科技进步带来运输工具的革新，集装箱技术、卫星定位技术和大型飞机的发展，使运输费用大幅下降，为产品内国际分工提供了技术支持，运输成本的降低使产品内国际分工成为现实。

（3）技术进步促进了管理手段信息化。

产品内国际分工实现了产品的跨境生产，从而对管理者提出更高的要求，客观上需要管理者进行隔空管理，这无疑降低了管理的效率，提供了管理的成本。同样，在管理成本和进行产品内国际分工之间有一场权衡。但是随着第三次科技革命的到来，计算机、网络、移动通信的巨大发展，极大方便了企业的信息交流和对生产过程的监控，有效降低了企业跨境管理的成本和风险，推动了企业的全球扩展和国际分工。

2. 产品内国际分工的政策因素

（1）贸易自由化有利于降低产品内国际分工交易成本。

产品内国际分工是生产活动的跨进进行，除要支付运输成本外，还会发生与跨境活动相关的其他成本，其中最大成本的产生来自各类国际贸易壁垒的设置。在过去几十年间，联合国等世界组织、区域性组织通过各种途径推进贸易自由化以降低国际贸易成本，推动产品内国际分工发展。世贸组织（WTO）是战后推动世界贸易自由化进程的最重要制度构架。WTO 通过七个回合多边贸易谈判，使发达国家（地区）的制成品的平均关税水平从 40% 左右下降到目前 3%～4%，大大降低了产品内国际分工跨境交易成本，推进了全球贸易自由化进程（卢峰，2004）。张纪（2007）详细研究了产品内国际分工动因、机制与效应，认为技术发展、贸易自由化、投资自由化等是产品内国际分工的现实基础。

（2）加工贸易鼓励政策有助于推动产品内国际分工发展。

加工贸易是各国参与产品内国际分工重要形式，不仅为发达国家提供了优质低价的中间产品，而且为发展中国家发展利用本国资源禀赋优势参与国际分工提供了舞台。加工贸易呈现了典型的产品内分工特征（卢锋，2004）。Kimura 和 Ando（2003）、Lall，Albaladejo 和 Zhang（2004）认为，相关产业鼓励政策能够有效吸引跨国公司进行投资建厂，建立国际生产和分销网络，因此，各国通过减免关税、建立保税物流区、出口加工区等政策鼓励加工贸易发展，通过加工贸易的方式将部分生产进行外包，可以最大化各国或地区的要素禀赋的作用，对于发达国家而言，将不具有竞争优势的劳动密集型产品进行外包加工，在提高产品质量的同时，能够集中精力，使资本和技术密集产品得到更好的发展。对于发展中国家而言，加工贸易可以弥补其在资金、技术方面的不足，充分发挥其劳动力优势，得以参与国际分工，分享分工收益的同时能够极大发挥"干中学"效应，从而提高产品质量和生产效率。提升国家在全球价值链中的地位，需要促进加工贸易企业的技术创新，延长加工贸易在国内的深加工链条，促进本土企业更多参与加工贸易，发展核心竞争力（隆国强，2007）。

（3）国际投资自由化政策推动产品内国际分工。

产品内国际分工与跨国直接投资和跨国公司密切相关。产品内国际分工的实现方式有两种：一种是在单个跨国公司内部，通过跨国公司的垂直一体化来实现；另一种是在多个公司之间，通过外部一体化来实现，在这种方式中一些核心跨国公司起着关键作用。在上述产品内国际分工的两种实现形式中，跨国公司都起着推动作用，都是整个产品内国际分工网络的中枢和关键节点。全球国际直接投资的自由化，以及发展中国家对跨国公司政策的日渐开放，为产品内国际分工提供了良好的体制环境。Krugman（1995）从跨国公司垂直专业化分工的角度分析了跨国公司中间产品贸易与 FDI 的互补作用和影响。20

世纪 80 年代以后各国对外直接投资的政策逐渐放开,加之金融开放、贸易和投资相关法律环境得到优化,国际投资得到了空前发展(见图 1-2)。

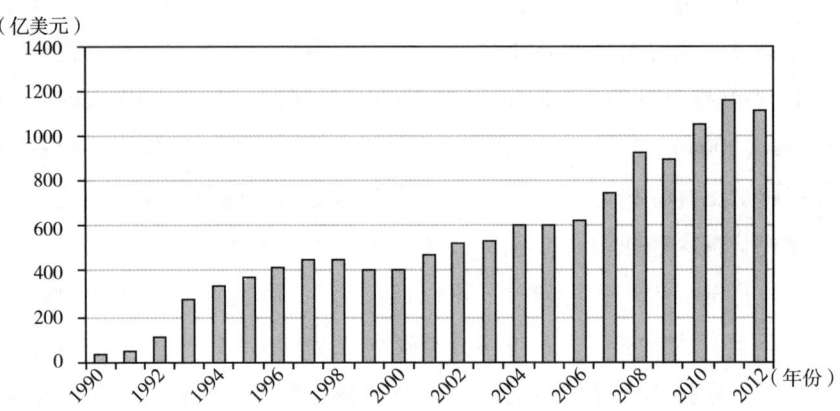

图 1-2　1990—2012 年中国实际利用外资情况

资料来源:国家统计局网站。

四、产品内国际分工的经济效应

作为一种新型的国际分工方式,产品内国际分工实现了资源的全球配置,越来越多的企业参与到全球产品内国际分工体系之中,使分工无论从规模还是深度上都超过了以往的国际分工方式。作为市场主体,跨国公司推动了产品内国际分工的深化发展,促进了国际分工主体的多元化。产品内国际分工为发达国家提供了配置全球资源的渠道,为发展中国家参与全球产品内国际分工、融入全球价值链提供了途径。产品内国际分工对各国贸易福利、就业、收入分配、技术扩散、产业转移以及生产率都产生了深远影响。

(一) 产品内国际分工对国家福利的影响

关于产品内国际分工对国家福利的影响,学者大多基于比较优势理论进行研究。对于发达国家（地区）而言，产品内国际分工为其在全球范围内进行资源的有效配置提供了渠道。随着经济发展、产业结构高度化以及人力资本的提高，发达国家（地区）的归核化生产趋势明显，逐步将非核心技术性生产、劳动密集型工序生产等缺乏竞争力的经济活动进行剥离，转移到发展中国家；与此同时，把资金、技术密集型经济活动区段保留在国内进行，以进一步提高其核心竞争力。Arndt（1997、2001）基于 H-O 理论分析了产品内国际分工对国家福利的影响。在 H-O 理论框架下，发达国家（地区）可以将产品的劳动密集型生产工序外包给劳动力禀赋丰裕的发展中国家，而自己专门从事资本密集型产品工序的生产。产品内国际分工发挥了两国的比较优势，降低了发达国家（地区）的生产成本；产品内国际分工带来的专业化分工与规模经济，促进了两国产量与贸易量的增加，国民福利水平得到改善。Jones 和 Kierzkowski（2000）认为产品内国际分工充分发挥了各国的比较优势，拓展了分工的方式、深度和潜力，从而扩大了分工与贸易得益的范围，福利水平进一步提升。发展中国家在资金、技术上的短板限制了发展中国家制成品，尤其是资本、技术密集产品的生产与发展，在国际市场竞争中处于劣势。产品内国际分工的出现，为发展中国家利用自身劳动力比较优势发展初级产品产业，积极参与全球分工，克服在生产完整制成品上的劣势，分享全球价值链得益提供了有效途径。Jones 和 Kierzkowski（2001）认为发展中国家在产品内国际分工条件下，逐步融入全球化进程，通过参与被发达国家（地区）剥离的劳动力密集工序的生产而获利。卢锋（2004）认为产品内国际分工为发展中国家通过参与简单加工区段，在符合比较优势原理基础上融入世界经济体系提供了切入点，也为它们通过在产品系统内升级进步谋求发展，提供了新的现实机遇。

以上分析基于完全自由贸易。在现实中，产品内国际分工意味着跨境生产，贸易壁垒造成的贸易扭曲以及其他跨境交易费用的增加也可能导致贸易得以恶化。Deardorff（2001）认为在某些特定条件下，如产品内国际分工中商品国际比价的变化，可能会恶化贸易参与国的贸易条件，从而损害这些国家的总体福利。为此，Arndt（2004）证明，在一个自由贸易的区域内，产品内国际分工能够减少贸易转移，甚至可以通过创造产品生产阶段层次的比较优势而逆转贸易转移，实现贸易创造，从而提高该区域的整体福利水平。

（二）产品内国际分工对就业和收入分配的影响

产品内国际分工对发达国家和发展中国家的就业和收入分配均产生了显著影响。在发达国家进行产业调整、企业转战归核化经营、国际分工在劳动力等生产要素层面进一步深化的背景下，跨国公司将非熟练劳动力密集型工序环节转移到发展中国家，集中力量发展资本、技术密集型工序的生产，导致发达国家国内对非熟练劳动力的需求减少和对熟练劳动需求的增加，进而导致非熟练劳动的工资降低，熟练劳动工资提高。Feenstra 和 Hanson（1996）、Geishecker 和 Görg（2004a，2013b）、Hsieh 和 Woo（2005）分别就美国、德国以及中国香港的情况进行实证分析，结果表明外包使上述各国和地区低技术工人工资和就业水平显著下降，高技术工人工资和就业水平显著增加。Egger 和 Kreickemeier（2008）在小国开放经济条件下，结合相对要素禀赋、工资均等偏好和失业保障水平等因素，分析片断化生产对劳动力市场的影响结果表明片断化生产增加了高技术工人就业收入水平。Koskela 和 Stenbacka（2010）在劳动力异质的假设下，通过一个三阶段博弈模型进行分析，表明外包使高技术和低技术工人工资差距扩大，而且使高技术工人的均衡失业增加，低技术工人的均衡失业减少。我国学者大多立足国家发展实际，探讨我国作为发展中国家积极参与全球产品内国际分工对我国劳动力市场的影响。王中华、梁俊伟（2012）利用投入产出表以及工业行业面板数据对国际服务外包的就业效应及工薪差距效应进行实证检验，结果表明，工业行业国际服务外包在增加就业的同时，扩大了高技能劳动力与低技能劳动力的工薪差距，且该差距在资本密集型行业中表现得更为明显。

Arndt（1997，1999）、Jones 和 Kierzkowski（2002a，2002b）、Kohler（2004）等人的研究表明，产品内国际分工的收入分配效应具有不确定性。产品内国际分工对熟练工人和非熟练工人工资与就业的影响与参与国的要素禀赋、产业性质、生产方式及其特定生产阶段的要素密集度等多种因素有关。Amdt（1997）的分析表明，资本丰裕的 A 国将出口部门（生产资本密集型产品 X 的部门）的劳动密集型阶段转移到劳动力丰裕的 B 国，A 国的工资水平会下降；但如果发生产品内国际分工的不是 A 国的出口部门，而是其进口竞争部门（生产劳动密集型产品 Y 的部门），A 国的工资水平则会上升。König 和 Koskela（2011）在分析中引入工会组织，通过一个企业和工会之间谈判的博弈模型研究外包对劳动力收入的影响，当博弈双方仅对工资进行谈判时外包对工人工资影响不确定，当双方就工资和利润分配进行谈判时，外包会增加工人的收入。国内学者唐宜红、马风涛（2009）在分析产品内国际分工对就业和收入分配的影响时得出相反结论，即产品内国际分工促进了中国工业部门非熟练劳动力的相对就业，降低了熟练劳动力的相对就业。这一分析结果与王中华等人的研究结论存在较大差异。

（三）产品内国际分工对技术扩散和生产率的影响

产品内国际分工通过中间投入品的投入产出效应、中间品进口部门的影响度及产业关联效应等产生技术扩散效应，进而对生产率产生影响。在产品内国际分工背景下，产品生产环节遍布全球各地，无论采取何种组织方式，即无论是通过 FDI 进行一体化生产，还是进行国际外包，都需要从其他国家进口原材料、设备以及中间投入品，进行专业化加工生产后进行出口或者内销，因此，中间品的进出口贸易充当了技术转移的通道。为使发展中国家生产企业生产的中间产品合乎要求，发达国家必须向发展中国家中间品生产商转移技术。通过技术转移、"干中学"以及模仿等效应垂直专业化生产得以顺利进行。

关于产品内国际分工对技术扩散和生产率的研究主要集中产品内国际分工是否促进了技术扩散,提高了劳动生产率。Girma 和 Görg (2004) 在行业层面分析了外包对生产率的作用,结果表明,劳动生产率与外包程度正相关,且外资企业表现更为明显。Amighini (2005) 研究表明,中国产品内国际分工从低端起步,从技术扩散中获益,这对整个国家的产业升级都产生了积极影响。Jabbour 和 Mucchielli (2007) 基于微观数据对西班牙 1990—2000 年垂直专业化生产中技术溢出对全要素生产率的影响进行分析表明,技术溢出受到国内企业与外国分支机构之间的技术差距的影响,且出口导向性的外资企业和外商独资企业对国内生产率的影响更为明显。张小蒂和孙景蔚 (2006) 对中国 17 大类产业进行研究表明,产品内国际分工深化有利于提高全员劳动生产率水平,有利于中国产业国际竞争力的提升。胡昭玲 (2007) 从比较优势、规模经济与技术外溢三个层次的分析表明,中国参与产品内国际分工促进了中国工业生产率的提高。范爱军和高敬峰 (2008) 对中国制造业产品内国际分工进行分析后认为,中国制造业通过参与产品内国际分工促进了中国制造业从低端加工组装环节向深加工环节的升级,提高了中国产业国际竞争力。

(四) 产品内国际分工对贸易的影响

关于产品内国际分工对国际贸易的影响的研究主要有两种观点:第一种观点是产品内国际分工促进了国际贸易的发展,即产品内国际分工与国际贸易增长存在正向关系。世界贸易总量在过去 10 年得到了飞速发展,其中中间产品贸易增长迅猛,这表明以垂直专业化为基础的产品内国际分工日益成为国际贸易的重要组成部分,产品内国际分工的发展成为解释国际贸易迅速增长的一个重要原因。Hummels (1998,2001) 在对垂直专业化与贸易增长的相关关系研究中发现,在过去二三十年中垂直专业化对总出口增长的贡献超过 30%,对出口增长贡献大的行业，诸如化工、机械等也恰恰是产品内国际分工增长快的行业。马涛、刘仕国（2010）采用贸易增长的二元边际，实证检验了中国从主要贸易伙伴进口增长的决定因素和发展潜力，结果显示产品内分工有利于中间品进口增长。第二种观点则认为产品内国际分工对国际贸易、东道国经济发展及产业升级存在负效应（许丹，2002；曾铮，2005），其作用渠道主要有以下几点：一是产品内国际分工会导致贸易条件恶化，产品内国际分工使发达国家利用发展中国家的廉价劳动力进行劳动密集型产品的生产，并通过对产品价格的控制力，使参与产品内国际分工的发展中国家贸易条件恶化；二是产品内国际分工不利于产业升级，产品内国际分工阻断了发展中国家价值链的自然延伸，限制了其产业的发展空间，技术含量相对较低、对环境破坏较大的产品的生产还将影响发展中国家的可持续发展，增加东道国经济运行的不可控性和经济增长的不稳定性；三是产品内国际分工对贸易增加值贡献有限，在产品内国际分工模式下，发展中国家往往处于价值链的低端环节，增加值低，且产业关联带动作用不强，影响了国内积累，大大降低了引资国的经济增长质量；四是产品内国际分工不利于金融稳定，发展中国家对加工贸易、产品内国际分工以及FDI的鼓励政策容易导致当局放松对资本项目的金融管制，但是发展中国家的金融系统往往落后于生产部门的发展，外资往往进入高风险、高收益的房地产和股票市场，而非制造业，大大增加了发展中国家金融危机爆发的可能性。

第二节 基于产品内国际分工背景下的产业升级问题研究

一、产业升级理论与产业升级内涵

国内外学者研究产业升级问题通常有两种理论：一是产业结构调

整理论，二是全球价值链升级理论。对应于以上两种理论，产业升级主要表现为三种形态：一是产业从第一产业向第二、第三产业的顺次转移；二是工业部门内部产业结构的变动，即从劳动密集型行业向资本密集型和技术密集型行业逐次发展；三是产品的价值链升级，即产品从低增加值向高附加值的攀升。因此产业结构升级与产业升级的内涵既有区别又有联系。

（一）传统产业结构升级理论

产业结构升级源于经济结构演变，其代表性理论主要有如下几类：

（1）配第—克拉克定律。该定律由英国经济学家威廉·配第在《政治算术》中提出，配第发现产业之间的收入差距与劳动力就业结构有关，产业之间收入差距将推动劳动力向高收入产业转移，即由农业向工商、服务业流动。随后，克拉克（Colin Clark，1940）在《经济进步的条件》中对配第的结论进行了实证验证，最终形成配第—克拉克定律。该理论以收入差距为切入点，研究三次产业结构演变的规律，其结论是随收入增加，劳动力由第一产业向第二产业转移，再由第二产业向第三产业转移，最后形成第一产业劳动力减少第二、第三产业劳动力增加的格局。

（2）库兹涅茨法则。库兹涅茨运用统计分析方法，对欧美20多个样本国家的长期时间序列数据进行分析，以揭示部门总产值与劳动力结构的变动规律，进而解释产业结构的演进。其结论是随着收入提高，第一产业部门产值和劳动力逐渐下降，第二、第三产业部门产值和劳动力数量逐渐上升。

（3）霍夫曼工业化理论。霍夫曼出版《工业化的阶段和类型》，在该书中，霍夫曼阐述了一国消费品部门与资本品部门的净产值之比将随工业化进程的发展而逐渐下降，且各部门的成长率各有特点。根据霍夫曼工业化理论，工业化后期，重工业将成为一国经济的主导产业。

(4) 钱纳里的"标准结构"理论。钱纳里运用投入产出分析法和一般均衡分析法为经济发展不同阶段应有的合理的经济结构制定了"标准"。他认为经济社会发展阶段的跃进是通过推动产业结构调整来实现的,这个过程大致分为三个阶段:一是初级产品生产阶段,这一阶段交易商品以农产品为主;二是工业化阶段,此时制造业成为经济的主导产业,在国民经济中占据重要地位;三是发达经济阶段,在这一阶段,制造业在国民经济中的份额开始下降。

(5) 罗斯托主要产业扩散效应理论。罗斯托(Walt Whitman Rostow, 1960)将经济演进分为六个阶段:传统社会、为起飞创造前提条件阶段、起飞阶段、向成熟推进阶段、大规模消费阶段和追求生活质量阶段。罗斯托认为经济发展的任何阶段都有其主导产业,主导产业不仅自身发展壮大,而且能够有效带动其他产业部门快速发展,从而推动经济增长。国家经济结构的演进就是主导产业的更替过程。

(6) 赤松要"雁行理论"。日本经济学家赤松要认为产业发展应遵循由进口到国内生产再到出口的模式,通过学习国外的先进技术以提升国内产业竞争力,进而实现产业升级。进口、国内生产、出口在坐标系中形成三次浪潮,犹如三只大雁,故称为"雁行理论"。

(7) 弗农产品生命周期理论。弗农(Raymond Vernon, 1996)认为随着产品生命周期的更替,产业结构也由劳动密集型向资本密集型、技术密集型演进,从而实现一国产业结构的升级。根据弗农理论,一国应当积极参与国际分工,密切关注国际市场发展变化,提升本国产品国际竞争力。

(二) 产品内国际分工下产业升级的内涵与层次

1. 产品内国际分工下产业升级的内涵

产品内国际分工是特定产品生产过程的不同工序或区段,通过空间分散化展开成跨国性的生产链条或体系,从而使越来越多的国家或地区企业参与特定产品生产过程不同环节或区段的生产或供应活动（卢峰，2004）。在产品内国际分工背景下，产品生产工序被分割成不同的工序或区段的生产活动，各环节生产具有不同的增加值，研发、设计、营销以及核心部件的生产等高增加值生产阶段对应高端价值链，加工组装、一般部件的生产等低增加值生产阶段对应低端价值链，因此产品内国际分工是经济主体对产业链和价值链选择与被选择的结果，特定生产环节获取特定增加值。

20世纪90年代，产业升级被引入GVC分析框架中。在理论研究方面，Porter（1990）指出，产业升级是指一国高素质人力和物力资本相对于廉价劳动力和其他的资源禀赋更为充裕时，产业发展转向更具比较优势的资本和技术密集型行业。Gereffi（1999）开启了全球价值链驱动的产业升级的先河。其研究基于李嘉图比较优势理论和赫克歇尔—俄林要素禀赋理论。Gereffi（1999）认为发展中国家依赖劳动力等生产要素的比较优势，以代工方式参与全球产品内国际分工，而发达国家则凭借技术与资金等要素优势成为价值链的主导者与控制者，掌握着价值链中的研发、品牌创造以及销售等高增加值环节。因此，从本质上讲，产品内国际分工下产业升级就是全球价值链的攀升、增加值提高的过程。

2. 产品内国际分工下产业升级的层次划分

目前，学术界关于产品内国际分工背景下产业升级的内涵和层次划分至今尚不十分清晰。经典文献关于这一问题的研究主要有以下几类：

（1）Gereffi（1999）分类标准。Gereffi（1999）将产业升级分为四个层次：一是产品升级，即同类型的产品从简单到复杂；二是经济活动升级，即设计、生产和营销能力不断提升；三是部门内升级，如从最终环节的制造到更高价值产品和服务的生产，也包括供应链的前向和后向联系；四是部门间升级，即从低价值、劳动密集型产业到资本和技术密集型产业的升级（见图1-3）。

第一章 理论基础与文献综述

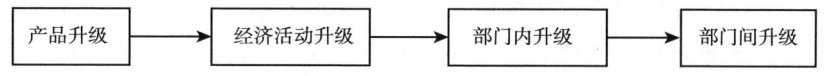

图 1-3 Gereffi（1999）产业升级分类标准

资料来源：根据 Gereffi（1999）产业升级分类标准整理。

（2）Humphrey 和 Schmitz（2002）分类标准。在 Gereffi（1999）分类的基础上，Humphrey 和 Schmitz（2002）明确将产业升级分为流程升级、产品升级、功能升级和链条升级。工艺流程升级是指采用更为先进的生产技术，提高生产效率，具体表现为产出的增加和产品质量的提高。产品升级是指企业所生产的产品由简单产品转向高端产品，同时不断研发新产品，具体表现为产品单位价值的提高，市场份额进一步扩大。功能升级是指企业价值链重新组合，更加专注于价值链高端环节生产，具体表现为承担产业链中关键环节，获取更高的利润。在许多文献讨论中将委托组装（Original Equipment Assembling，OEA）到贴牌生产（Original Equipment Manufacturing，OEM）到自主设计（Original Design Manufacturing，ODM）再到自主品牌（Original Brand Manufacturer，OBM）的转换视为功能升级。链条升级也被称为跨部门升级，是指将从价值链特定环节中获取的知识技术应用于新的领域，一般是向附加价值更高的环节移动，从而得到该产业领域的高收益率。① 这种四分法在目前的研究中得到了较为广泛的认可（见图 1-4）。

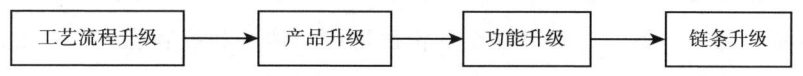

图 1-4 Humphrey and Schmitz（2002）分类标准

资料来源：根据 Humphrey 和 Schmitz（2002）分类标准整理。

---

① Humphrey, J., Schmitz, H. Governace and Upgrading: Linking Industrial Cluster and Global Value Chains Research [J]. IDS Working Paper, No. 12 Institute of Development Studies, University of Sussex, 2000.

上述研究构筑了价值链产业升级研究的基石。从全球价值链理论来看,产业升级就直接表现为企业在一个 GVC 中顺着价值阶梯逐步提升的过程。基于这个思路,国内学者展开了丰富的研究。张耀辉认为,产业升级是高增加值产业代替低增加值产业的过程,是产业创新与产业替代的过程。此外,金碚(2004)、江小涓(2005)、江静(2007)、刘志彪(2005,2008)等均从不同角度探讨了我国产业升级的问题。本书基于前人研究,将制造业产业升级简单地定义为:一个国家或地区的企业更多地参与到全球价值链中,并在全球价值链治理中不断提高自身产品的增加值和市场竞争力,进而不断转换和提升在全球价值链中的角色,从而使该国或地区作为一个整体在世界经济和国际分工中的地位不断得到改善。就中国制造业具体情况而言,参与产品内国际分工,积极融入全球价值链,进而实现产业升级主要有以下几层含义:(1)更大程度地融入世界高新技术制造业价值链,逐步实现高新技术产业的国际对接;(2)将产品生产由简单加工生产转向复杂、精细产品生产,发挥专属优势,转被动为主动,实现产品升级;(3)从低增加值的简单组装、加工转向高增加值的设计、研发,从 OEM 到 ODM,到 OBM,逐步把握战略性环节,实现制造业价值链升级;(4)将新技术整合入价值链或将已有技术嫁接到新领域,构建本土价值链,实现价值链创造;(5)提高效率,最大限度地发挥溢出效应和"干中学"效应,提升全球化经营与管理能力,实现企业能力升级;(6)从低级供应商向高级供应商、合同制造商和品牌领导者攀升,提升在全球价值链中的地位和控制能力,实现价值链地位升级。

二、产业升级衡量、评价方法

对产品内国际分工与产业升级关系进行研究,首先需要选择适当的指标准确衡量产业升级。事实上,由于产业发展状况存在诸多难以进行量化的因素,因此要准确度量产业升级状况并非易事。但是在产品内国际分工模式下,产业升级最终表现为价值链的攀升,而价值链的攀升最终都会通过具体产品体现,因此产品的技术层次与价值链所处位置密切相关,进行简单加工生产的产品处于价值链的中低端环节,进行产品设计与研发的处于价值链的高端环节。一国出口的商品体现了劳动技能、科学技术和在加工价值链中的状况,出口商品越复杂,意味着该国所处的价值链环节越高,因此出口产品复杂度可以作为衡量产业升级的有效指标(Lall,2006;Hausmann,2007;Schott,2008;Xu,2010)。

(一) 出口复杂度的含义

出口复杂度源自 Michaely(1984)提出的贸易专业化指标(Trade Specialization Indicator,TSI),该指标假设一种出口产品技术含量与该国人均收入水平相关,即贸易专业化指标等于所有出口国的人均收入水平的加权平均,其权重为各国该产品出口额占全世界该产品出口总额的比重。Hausmann、Hwang 和 Rodrik(2007)在 TSI 基础上对权重进行了改进,并首次提出采用出口复杂度(Export Sophistication)测度出口产品的技术含量。出口复杂度假设某一经济体的出口水平与其收入水平正相关,权重为该产品的出口比重。该指标反映了某一经济体出口产品的技术含量和出口生产率,出口产品的技术复杂度越高,则出口产品的技术水平就越高,该经济体在国际分工体系中地位就越高。Rodrik(2006)从产业层面对出口复杂度进行了阐述,他认为出口复杂度反映的是高端产品在一国出口中所占比重,因此一国出口复杂度越高,那么该国出口高技术含量产品的比重就越高。国内学者大多沿用了 Hausmann、Hwang 和 Rodrik(2007)等学者对出口复杂度的定义:姚洋和张晔(2008)将出口复杂度界定为出口产品的技术含量,出口复杂度越高,产品技术含量越高;黄先海和陈晓华(2010)的定义更接近 Rodrik(2006)的提法,即出口复杂度越高，则高技术水平产品的出口比例越大，且出口复杂度较高的经济体具有更强的高端生产能力。综上所述，国内外学者对出口复杂度的界定虽有差别，但大多都认为出口复杂度与人均收入水平和高端产品出口比例高度相关。根据各位学者对出口复杂度分析层面的不同，可以将该指标分为三个层级，分别是：国家层次的出口复杂度、产业层次的出口复杂度和产品层次的出口复杂度。国家层次的出口复杂度主要反映一国出口商品中所含的技术以及出口商品结构；产业层次的出口复杂度反映该出口产业的技术水平以及国际分工地位；产品层次复杂度反映出口产品技术水平。

  目前学术界认为出口复杂度形成的理论基础主要有三个：一是比较优势理论。根据比较优势理论，一国应该生产并出口该国具有比较优势的产品，进口具有比较劣势的产品。发达国家在生产高技术含量的产品方面具有比较优势，发展中国家在低技术含量产品的生产上具有比较优势，因此发达国家出口复杂度高于发展中国家。与传统比较优势力量不同的是，在产品内国际分工模式下，这种比较优势表现在产品生产的特定环节，即发达国家专注于高增加值环节的生产与出口，发展中国家进行低增加值环节的生产与出口。二是母市场效应理论。该理论由 Krugman（1980）提出，该理论认为一国出口复杂度取决于其国内产业或产品的竞争优势。Blonigen 和 Ma（2007）指出，外商投资企业出口占到中国全部出口的 50% 上下，而外商投资企业出口的很多产品并非完全是其国具有比较优势的产品，但这些产品却是外商投资企业在其国内市场取得竞争优势的产品。三是需求相似理论。其核心观点是两国双边贸易由国内各自需求结构决定，而国内需求结构由其收入水平决定，且一国的需求倾向随着人均收入的提高会逐渐转向技术复杂度相对较高的工业制成品。国家之间人均收入水平越接近需求结构就越相似，贸易可能性就越大。根据这一理论，高收入国家对技术复杂度较高的产品需求量较大，因而生产并进/出口技术复杂度较高的产品，导致较高的进/出口复杂度；低收入国家偏好技术复杂度较低的产品,因而进/出口复杂度相对较低。

另一个衡量出口复杂度指标是出口相似度(Export Similarity Index,ESI)[①],最早由 Finger 和 Kreinin(1979)提出。该指标用以判断两个国家之间经济结构的相似程度或差异程度。一般把发达国家作为一个组,将目标国家与其比较,判断目标国家与发达国家的相似度,出口相似度越高,表明经济结构、出口商品结构、出口商品质量等越与发达国家越接近,产业所处价值链地位越高。Schott(2008)将 ESI 指标应用于对中国出口复杂度的研究。唐海燕、张会清(2009)同样使用 ESI 指数对 40 个发展中国家的价值链状况进行分析,通过比较发展中国家与发达国家的出口结构,反映该国与全球价值链高端环节的相对距离,研究结果表明,产品内国际分工对于价值链提升具有显著的推动作用。唐宜红等(2010)采用 ESI 指数测算了 1997—2008 年中国与 24 个发达国家的 ESI 指数,结果表明,中国出口商品结构整体水平不高,这一点与 Schott(2008)的研究结果相反。由于 ESI 指标与参照国家的选择密切相关,而参照国的选择具有一定的主观性,因此本书的研究将基于 Hausmann 等(2007)对出口复杂度的定义进行。

(二) 出口复杂度测度方法

国内外学者关于出口复杂度指标的定量测算也进行了大量研究,其中较早提出测度方法的学者是 Michaely(1984),他认为出口复杂度是各国人均 GDP 的加权平均,即用一国某产品出口额占该产品全世界出口额的比重作为权重,对出口该产品的所有国家的人均 GDP 进行加权平均,该平均值就是出口复杂度。Hausmann、Hwang 和 Ro-

---

① 出口相似度指数数学表达式为:$ESI_{it} = E_{j=1}^{n} Min \{S_{ijt}, S_{rjt}\}$,其中,S 表示某一商品在出口总量中的比例,下标 i 表示发展中国家,r 表示参照体,j 表示出口商品,t 表示年份。ESI 指数的值域范围在 0 到 1 之间,指数值越高,表明该国与参照体的出口结构越相似,越靠近全球价值链的高端环节。反之,则表明该国所处的价值链位置越低。

drik（2007）以各国出口产品的显示性比较优势作为权重对该指数进行了修正，并得出中国出口产品的技术水平已经远高于相近收入水平国家的结论。Xu（2010）指出计算出口复杂度的传统方法没有将产品质量纳入考量范围，指标计算存在一定偏差，而价格是反映产品质量的重要指标，因此用价格指数作为质量的代理变量对该指标进行了调整。关志雄（2002）以世界市场中各出口国占该产品的份额作为权重，对出口国人均 GDP 进行加权平均。樊纲、关志雄和姚枝仲（2006）以每类产品标准化后的比较优势作为权重来分析出口产品的技术含量。黄先海、陈晓华和刘慧（2010）运用各种产品的出口占比作为权重来表示。Xu（2010）的测度方法虽然将产品质量纳入考量，但是各国出口产品数量量纲不尽一致，即便一国内各出口商品数量计量单位也各有不同，因而由此计算的平均单位价值缺乏可比性。为此本书选择 Hausmann、Hwang 和 Rodrik（2007）PRODY 指数测度出产品层面、产业层面与国家层面的出口复杂度。

综上所述，关于衡量贸易品技术含量的方法如表 1-2 所示。

表 1-2　　　　衡量贸易品技术含量的指标

指标名称	构建者	计算公式
技术复杂度指数（TSI）	Michaely（1984）	$TSI_i = \sum_{j=1}^{n} x_{ij} / \sum_{j=1}^{n} x_{ij} \cdot Y_j$
技术增加值（TV）	关志雄（2002）	$TV_i = \sum_{j=1}^{n} x_{ij} / \sum_{j=1}^{n} x_{ij} \cdot Y_j$
PRODY 指数	Hausmann、Hwang & Rodrik（2005）	$PRODY_i = \sum_{j=1}^{n} \frac{x_{ij}}{\sum_{i=1}^{m} x_{ij}} / \sum_{j=1}^{n} \frac{x_{ij}}{\sum_{i=1}^{m} x_{ij}} \cdot Y_j$
显示技术增加值（RTV）	樊纲、关志雄和姚枝仲（2006）	$RTV_i = \sum_{j=1}^{n} RCA_{ij} / \sum_{j=1}^{n} RCA_{ij} \cdot \ln(Y_j)$
出口技术含量（QPRODY）	Xu（2010）	$QPRODY_{ic} = (q_{ic})^{\theta} \cdot PRODY_i$

资料来源：在参考张如庆和张二震（2010）的基础上整理而得。

三、产品内国际分工视角下产业升级分析

在产品内国际分工模式下,发达国家的跨国公司为了降低劳动成本,往往将一些劳动密集型的生产工序转移到发展中国家,本国集中人力、财力、物力从事技术密集型的研发、设计以及精密零部件的生产,并通过中间品贸易实现分割生产的系统整合,充分利用国内外资源的比较优势,实现节约成本和提升效率的目标。这种新型国际分工模式引起了经济学界的高度重视,大量的理论和实证文献对其形成机制、经济效应和影响因素等问题进行深入分析,其中,产品内国际分工与技术升级之间的联系又是研究重点。

(一) 产品内国际分工视角下母国产业升级

理论分析方面,Feenstra 和 Hanson (1995) 基于赫克歇尔—俄林理论对产品内国际分工与技术水平变化之间的关系进行研究,结果表明,在没有要素价格均等化的条件下,发达国家通过对外直接投资实现的国际外包将非熟练劳动投入较多的生产环节转移至发展中国家,本国企业主要承担研发、营销等高端环节的规模化生产,有效提升发达国家的总体技术水平。实证分析方面,Head 和 Ries (2002) 基于企业层面的样本数据对垂直产品内分工与产业升级的关系进行研究,表明日本企业通过将技术含量低、劳动投入多的生产环节转移到中国、东盟等国,在本国集中从事高增加值环节的生产,增加了国内熟练劳动力和科技人员的相对需求,而高素质劳动力的要素积累成为企业技术升级的一个重要动力。Görg 和 Hanley (2008) 基于爱尔兰企业微观数据研究国际外包对企业生产率的影响,结果表明外包对企业生产率的增长具有显著的积极影响。

(二) 产品内国际分工视角下东道国产业升级

另一些学者从东道国的视角分析了产品内国际分工模式下产业升

级的情况。Wang 和 Wei（2007）对中国数据的分析表明加工贸易并不是整体产业出口复杂度提高的主要原因，它仅仅对出口加工区等政策支持性区域出口复杂度具有显著的促进作用。Jarreau 和 Poncet（2009）认为，加工贸易的外国投资者不仅促进了东道国的全球化升级，还对东道国出口技术复杂度的提升具有一定的促进作用。Wang 和 Wei（2010）认为中国的出口结构已经越来越接近发达经济体。人力资本以及政策因素等对中国产业升级起到积极促进的作用。Jarreau 和 Poncet（2012）基于中国 1997—2009 年的省级数据分析出口复杂对经济增长的影响，其研究结果与 Hausmann，Hwang 和 Rodrik（2007）的研究结果相一致，即专业化生产高技术复杂度产品的地区，经济有更高的增长率。

国内学者的研究大致包括理论分析和实证分析两类。

理论分析方面：唐海燕和张会清（2009）参考 Long 等（2005）的分析框架，建立了一个分析发展中国家在产品内国际分工合作中提升国家价值链的模型，该模型包括最终消费品生产和服务资本生产两个部门。王永进等（2010）在企业异质性分析框架基础上，从理论上探讨了基础设施影响出口技术复杂度的微观机制。陈晓华等（2011）构建了一个分析出口技术结构演进机制，包括最终产品、生产性资本和服务性资本的三部门模型，讨论了物资资本、劳动力在中国出口技术结构演进中的作用。黄永明、张文洁（2012）在陈晓华等（2011）三部门理论模型的基础上，在最终产品的生产中引入金融部门，从而将模型拓展为四部门模型，同时引入消费者的效用基础，从而使模型具有合理的微观基础。

实证分析方面：根据研究角度的不同，主要分为以下几类。

（1）经济增长与出口复杂度。郭晶等（2010）的研究结果显示我国高技术制造业出口复杂度的提升主要来自经济增长而非技术创新。黄先海等（2010）认为对于不同的经济发展水平，复杂度升级内在动力也不尽相同：发达国家主要依赖于经济增长，发展中国家主要依赖于出口增长。戴翔（2010）研究结论显示，制成品出口技术含量的升级不仅对经济增长具有显著的促进作用，而且对出口增长也有显著作用。

（2）FDI与出口复杂度。唐宜红和王明荣（2010）的研究结论显示，FDI与ESI指数显著正相关，但随着出口产品分类的细化，FDI对与ESI指数的作用程度下降；郭晶（2010）认为FDI与高技术产业出口复杂度具有长期正向协整关系，发达国家以FDI提升高技术出口复杂度的能力强于发展中国家。

（3）加工贸易与出口复杂度。姚洋和张晔（2008）实证研究结论表明，在投入产出表中剔除加工贸易的进口中间投入品之后，国内出口复杂度没有明显提高，且出口复杂度的国内贡献度也迅速下降。朱诗娥和杨汝岱（2009）基于1993—2005年的全国和区域面板数据的实证研究显示，加工贸易通过经济开发区等政策性区域对本土企业出口复杂度产生促进作用。黄永明和张文洁（2011）研究表明加工贸易对中国出口复杂度的影响较为显著。

（4）垂直专业化与出口复杂度。马风涛和刘辉群（2011）引用Xu Bin（2010）计算的出口复杂度横向对比了1992—2005年中国出口复杂度发展变化趋势，结论表明，中国的出口复杂度在不断提高，且中国出口复杂度的快速提高与国际垂直专业化分工密不可分，国际垂直专业化分工的深化对中国出口商品结构的快速提升发挥了重要作用。邱斌等（2012）的研究结论表明，全球生产网络对我国制造业价值链地位的影响存在显著的行业差异性：与以零部件贸易为主的行业相比，全球生产网络对价值链提升的积极影响在以半成品贸易为主的行业中更为显著；在资本技术密集型行业中，全球生产网络有助于提升我国制造业的价值链地位，但在劳动密集型行业和资本密集型行业中这一作用并不明显。马红旗等（2012）结果显示：我国制造业垂直专业化水平与其全球价值链升级呈倒"U"形关系，即在嵌入全球价值链初期，我国制造业通过不断地满足国际化生产标准、接受发达国家的技术指导与培训或通过"干中学"效应,对价值链升级带来了促进作用,但是随着垂直专业化水平的不断加深,其生产环节受到了发达国家价值链治理的"锁定",从而抑制了价值链的升级。

(5) 金融发展与出口复杂度。黄永明和张文洁(2011)认为非熟练劳动力、熟练劳动力、出口产品国内价格、国内存款利率以及金融部门效率是主要因素,并且金融部门对国家经济发展和产品生产的影响进一步深化。齐俊妍等(2011)基于跨国行业数据研究发现金融发展对提升一国出口复杂度具有稳健、显著的促进作用。

从国内学者的研究可以发现,大多学者只是考察了某一个方面对出口复杂度的影响,缺乏从整体上得考虑;在出口复杂度影响因素的实证分析中,大多以中国以及中国区域或行业为研究对象,研究结论不能被普遍应用;在方法的选择上,大多数研究没有考虑变量之间的内生性问题,而内生性问题的存在会导致模型出现严重的估计偏误。因此,有关出口复杂度影响因素的研究有待深化。

产品内国际分工与
中国制造业
产业升级
Chapter 2

第二章　中国制造业发展现状分析

第一节 中国制造业发展现状分析
——基于工业制成品的分析

20世纪70年代末,中国实行改革开放政策,中国经济逐步融入世界经济总体格局之中,中国对外贸易飞速发展:贸易规模几何式增长,加工贸易飞速发展,经济主体多元化发展,民营经济活力尽现,出口市场遍布全球230多个国家和地区,产品门类涉及各行业领域,产品结构呈现不断优化态势。

一、贸易总量分析

改革开放以来,中国进出口贸易取得了巨大发展。据海关统计,1981—2012年,中国的进出口额①从440.2亿美元增长到38667.6亿美元;自2001年中国加入世界贸易组织(WTO)以来,中国的进出口贸易呈现出爆发式增长,中国的进出口贸易从2001年的5096.5亿美元增长至2012年38667.6亿美元,增长幅度达700%,其中出口由2661亿美元增长至20489.4亿美元,进口由2435.5亿美元增长至18178.3亿美元,增长幅度分别为700%和600%(见图2-1)。

中国进出口贸易占世界进出口贸易的比重不断上升。中国从1981年的1%上升到了2000年的3.3%,2012年该比重攀升至9.5%。中国进出口总额世界排名从1981年的第22位攀升至2000年的第7位,自2009年起中国已成为世界第一大出口国。

二、贸易方式分析

产品内国际分工的出现,产品生产被切割为不同环节、分散在全

---

① 进口额以CIF计价,出口额以FOB计价,进口额、出口额合计为进出口额。

第二章 中国制造业发展现状分析

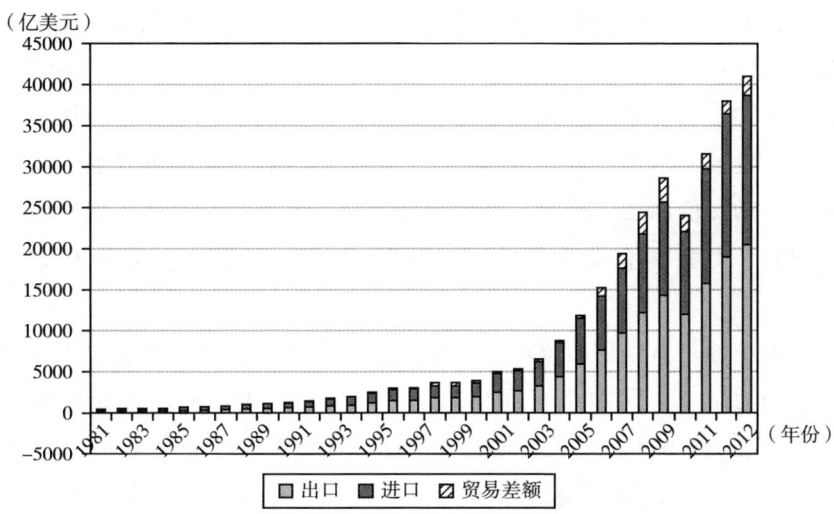

图 2-1　1981—2012 年中国进出口贸易总额及贸易顺差

资料来源：国家统计局网站。

球进行生产，因此基于同一产品内的贸易代替产业间贸易与产业内贸易成为国际贸易增长的主体。产品内国际分工背景下产生的加工贸易①成为各国参与国际分工和交换的重要途径，进口中间产品加工再出口或者海外加工直接转口成为各国企业生产和对外贸易普遍采用的贸易方式。因此，产品内国际分工的迅速发展带来了国际贸易模式的重大变化，加工贸易的快速发展就是全球价值链形成和不断延伸的结果。

加工贸易是发展中国家融入产品内国际分工与全球价值链的主要方式。20 世纪 90 年代初期，国际产业出现大规模转移，西方发达国家对加工贸易的鼓励性政策促进了劳动密集型产业与工序向发展中国家的转移，越来越多的跨国公司将加工、组装等简单生产工序外包给发展中国家生产。与此同时，包括中国在内的东亚国家因为缺少资

---

① 加工贸易指从境外保税进口全部或部分原辅材料、零部件、元器件或包装物料，经境内企业加工或装配后，制成品复出口的经营活动，包括来料加工和进料加工两种形式。

· 55 ·

产品内国际分工与中国制造业产业升级

金、技术,希望得到发达国家资金技术支持,因而积极鼓励外商投资和加工贸易发展,对进口投入品关税豁免或减让,激励出口产品的生产。在加工贸易鼓励政策和丰裕劳动要素禀赋的刺激下,中国加工贸易迅速发展,进出口规模逐步扩大,业务由少数简单品种发展到高技术、高增加值深加工产品,地域也从沿海扩大到内陆。加工贸易的迅速崛起,对我国企业融入产品内国际分工和全球价值链具有重要意义。

中国加工贸易出口规模不断扩大,并成为中国对外贸易扩张的主要推动力量。中国加工贸易出口从 1990 年的 441.8 亿美元增加到 2000 年的 1376.5 亿美元,随后攀升至 2010 年 7405.4 亿美元。20 世纪 90 年代,除亚洲金融危机年份外,我国加工贸易出口始终保持高速增长。加入 WTO 后,中国加工贸易出口保持 20% 以上的速度增长,直到美国次贷危机发生后,中国的加工贸易出口增速才有所回落,2009 年到达低谷后出现短期反弹,快速升至年增长率 26% 以后,又迅速回落到次年的 12.8% 和第三年的 3.3%(见图 2 - 2)。此外,中国加工贸易出口在总出口规模中占有重要分量。自 1996 年起,中国加工贸易出口占出口总额的比重均保持在 50% 以上,到 2007 年美

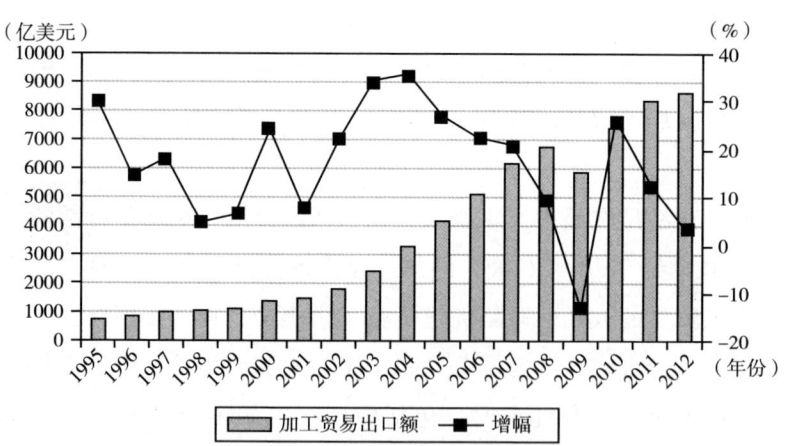

图 2 - 2　1995—2012 年中国加工贸易出口走势

资料来源:国家统计局网站。

国次贷危机爆发，引发一系列经济动荡，中国的出口加工贸易比重由所下降，也均保持在40%以上（见图2-3）。

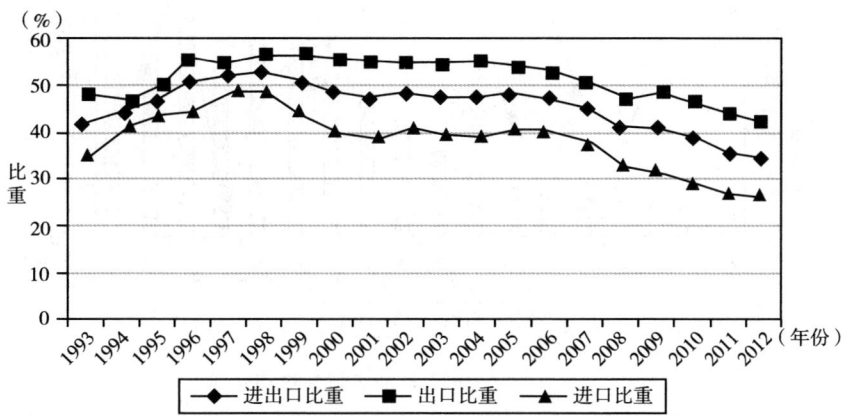

图2-3　1993—2012年加工贸易占贸易总额比重走势

资料来源：国家统计局网站。

进口方面，保持了与出口大致相同的走势。中国加工贸易进口在加入WTO后的6年得到了飞速发展。2002年突破千亿美元大关，达到1223.1亿美元，2004年突破2000亿美元大关，进口2218亿美元，2006年达到3216.1亿美元，美国次贷危机期间出现下降后，经过调整后在2010年站上4174.9亿美元。除1998年亚洲金融危机和2009年经济危机外，中国加工贸易进口增速均为正增长。经济危机过后，加工贸易进口同出口一样，都没有得到长期快速增长，2009年29.5%的增速昙花一现，2012年，加工贸易进口增速仅为2.5%（见图2-4）。自1994年以来，中国加工贸易进口占进口总额的比重均保持在40%上下，在此次经济危机后，加工贸易进口占总进口的比重逐年下降，到2012年该值跌至26.5%（见图2-4）。

从图形走势上可以发现，近年来加工贸易的两个重要走势：一是加工贸易进/出口额增速均出现不同程度的回落现象（见图2-2、图2-4）。主要原因有：一是与全球经济衰退有关。自2007年美国

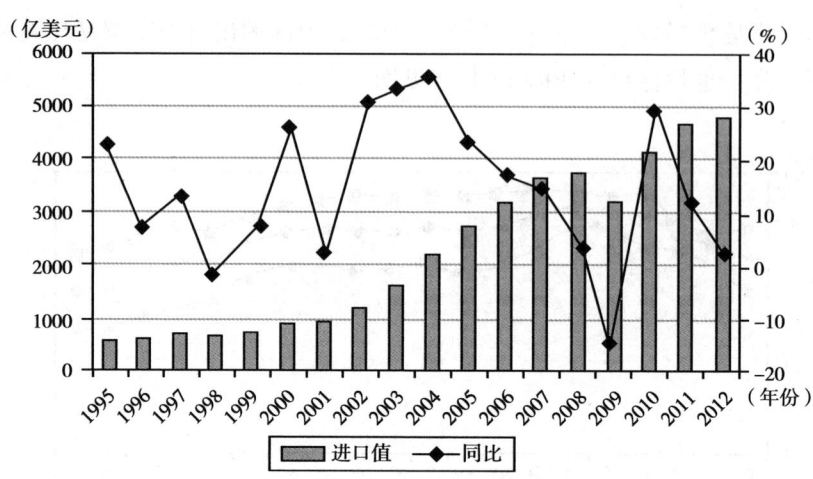

图 2-4 1995—2012 年加工贸易进口走势

资料来源：国家统计局网站。

爆发次贷危机以来，美国及其经济同盟国家经济就开始出现动荡，银行破产、制造业倒闭。美元作为国际货币，其汇率持续走低，次贷危机的多米诺骨牌蔓延为全球性经济危机，中国作为全球化的重要参与者和拥护者，难以独善其身，订单减少，加工贸易进出口出现萎缩。二是欧美发达国家推行再工业化策略，制造业大量回流，全球 FDI 下降，直接导致加工贸易减少。三是随着人口红利的消失，中国逐步丧失廉价的劳动力，在全球经济不景气的背景下，国外投资者为节省生产成本，将目光转向了劳动力更为廉价的东南亚国家，导致中国加工贸易订单减少。四是 FDI 的"干中学"效应和溢出效应促进了中国科技进步和生产技术的提高，中国已逐步开始由完全进口中间部件开始转向自主生产部分中间部件，并由出口导向型向国内市场开拓转变。该层面的转型升级"主动"减少了加工贸易进/出口。加工贸易的第二个重要走势是加工贸易进/出口额占进/出口总额的比重自 2005 年开始逐年下降（见图 2-3）。对于这一现象的解释，除上述主要原因外，更重要的一点是由于中国正在逐步摆脱从事简单加工装配的束缚，摆脱对发达国家（地区）技术和资金的依赖，开始走向

第二章 中国制造业发展现状分析

自主生产阶段,这会导致加工贸易比重下降,一般贸易比重上升。

三、贸易主体分析

对不同性质的企业进出口占中国进出口总额的比重分析,可以发现,外商投资企业和私营企业是拉动中国进出口贸易增长的"主力军"。2000 年以后,外商投资企业出口占我国出口总额的 50% 以上,其中外商独资企业出口比重逐年增长,从 2000 年的 23.8% 增长到 2012 年的 35.1%,13 年间平均占比达 34.9%,中外合作和中外合资出口占比分别从 2000 年的 4% 和 20.2% 下降至 2012 年的 0.8% 和 14%。进口方面,13 年间,外商投资企业进口额平均占比为 54.5%,其中外商独资企业进口比重逐年增长,平均占比为 34.8%,中外合作和中外合资进口占比分别从 2000 年的 3.8% 和 24.1% 平稳下降至 2012 年的 0.5% 和 15.1%。外商投资企业进出口占据我国进出口总额的半壁江山与多种因素有关。一是随着科技发展,生产环节得以有效分离,发达国家根据比较优势进行产业转移,将劳动密集型生产环节逐步向发展中国家转移;二是中国改革开放进一步深化,政策环境、法律环境、基础设施等投资环境进一步优化,吸引大量 FDI 到中国进行投资建厂,发展加工贸易;三是通讯设备的发展降低了跨国公司的跨区域管理成本和国际贸易成本,是 FDI 增加,进出口贸易增长的现实动因。

随着改革开放和市场经济体制的不断深入发展,其他企业,主要是私营企业快速崛起,2000 年其出口和进口的比重仅分别为 1.1% 和 1.2%,到 2012 年该比重分别已达到 35.1% 和 22.9%,私营企业的快速崛起不容小觑,对中国经济保持活力和增加中国劳动力就业起到积极作用;国有企业占出口和进口的比重逐年下降,分别从 2000 年的 46.7% 和 43.9% 下降至 2012 年的 12.5% 和 27.3%;集体企业占进/出口的比重呈略微下降趋势(见图 2-5、图 2-6)。

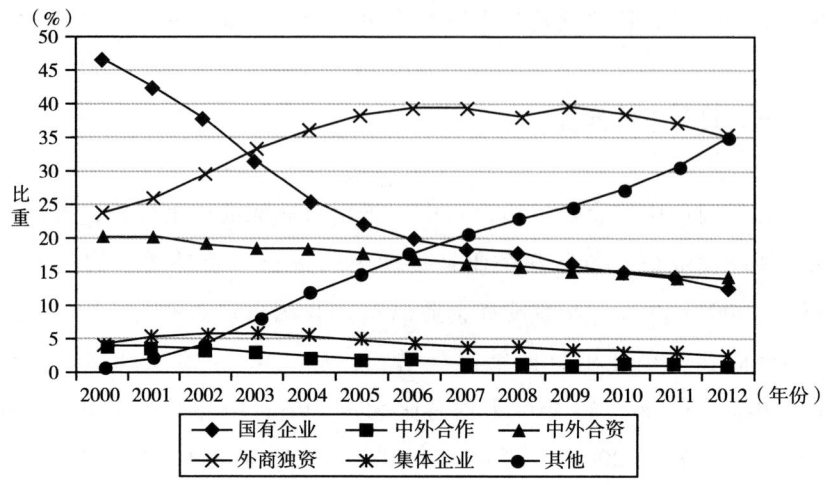

图 2-5　2000—2012 年各类企业出口比重走势

资料来源：国家统计局网站。

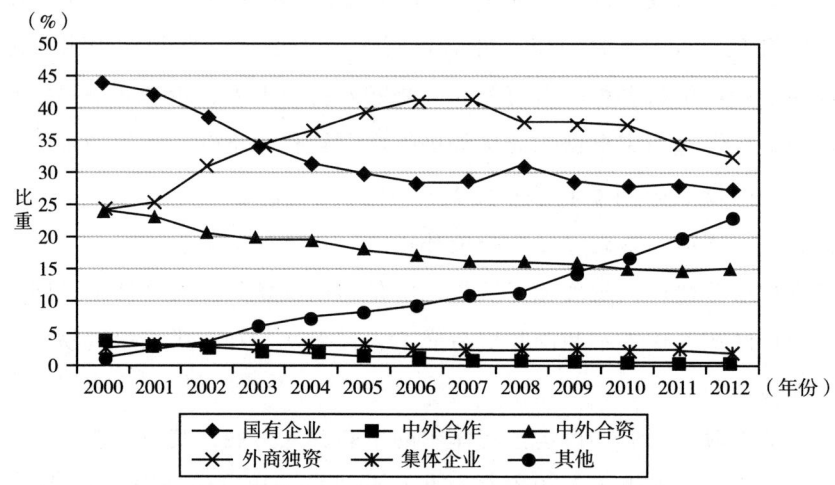

图 2-6　2000—2012 年各类企业进口比重走势

资料来源：国家统计局网站。

进一步，各类企业参与产品内国际分工的程度是否有差别？哪一类企业更多地参与了产品内国际分工？由于加工贸易是我国企业参与产品内国际分工的主要贸易方式，因此以下通过分析各企业主体的贸易方式反映其参与产品内国际分工的程度。国有企业主要以一般贸易方式进口,2002 年国有企业以一般贸易方式进口占全部一般贸易进口的 63.1%,高于同期外商投资企业的 26.81% 和民营企业①的 9.66%,之后保持逐年下降的趋势,至 2012 年该比重下降至 39.13%,但仍高于外商投资企业所占比重和民营企业所占比重;外商投资企业以加工贸易方式进口为主,2002 年外商投资企业以加工贸易方式进口占全部加工贸易进口的 77.03%,同期,国有企业和民营企业的该占比分别为 20.05% 和 2.92%;2002—2012 年,外商投资企业保持了加工贸易方式进口占比的绝对优势,11 年间平均占比达 82.56%(见图 2-7)。

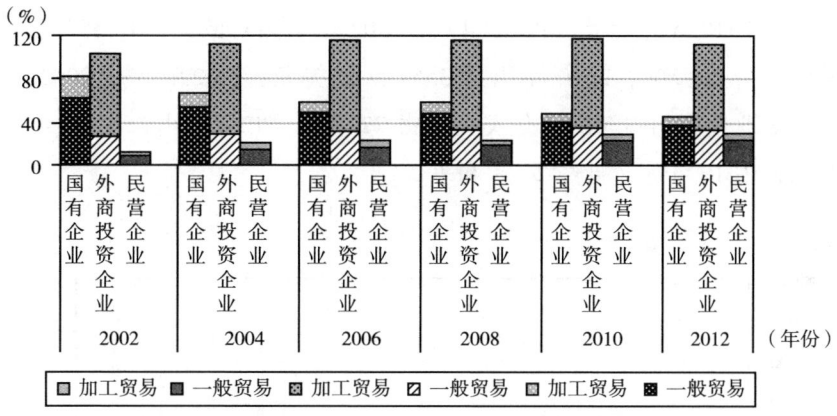

图 2-7 2000—2012 年各类企业进口贸易方式占比

资料来源:中国海关。

由以上分析我们可以得到以下几点结论:(1)国有企业进口占比大于出口占比,这表明国有企业进口产品以满足国内市场需求为主;(2)私营企业进口占比小于出口占比,这表明私营企业原材料等投入品部分来源于国内;(3)国有企业和民营企业以一般贸易方式进口为主,表明其生产大多为自主生产,产品内分工的参与度不

---

① 民营企业包括私营企业和集体企业两类。

高；(4) 外商投资企业独占加工贸易进口鳌头，表明外商投资企业是中国参与产品内国际分工主体。

四、贸易地理分布分析

(一) 洲际分析

出口方面，亚洲是我国出口产品的最大目的地，其次是欧洲和北美洲。其中对亚洲的出口占据了我国出口的半壁江山，2002年中国加入WTO后，中国对外贸易迎来黄金发展时期，2002年，中国对亚洲出口1703.6亿美元，占中国全部出口的52.3%，到2010年，此项出口达7319.5亿美元，占46.4%。2002年中国对欧洲出口592.2亿美元，占18.2%，2010年出口3551.9亿美元，占22.5%；2002年中国对北美洲出口742.7亿美元，占22.8%，2010年出口3058.4亿美元，占19.4%（见图2-8和表2-1）。

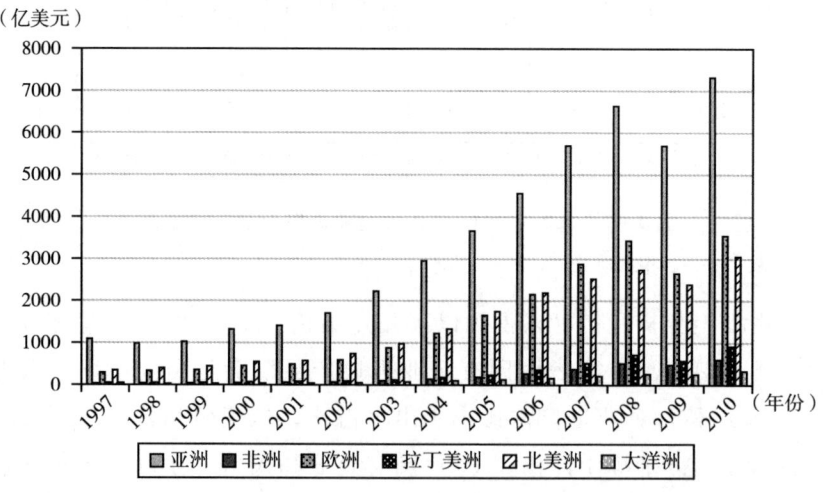

图2-8 1997—2010年中国出口洲际分布走势

资料来源：中国海关。

第二章　中国制造业发展现状分析

表2-1　　　　　　主要出口洲际占比情况　　　　　　单位:%

年份	2002	2003	2004	2005	2006	2007	2008	2009	2010
亚洲	52.3	50.8	49.8	48.1	47.0	46.7	46.4	47.3	46.4
欧洲	18.2	20.1	20.6	21.7	22.2	23.6	24.0	22.0	22.5
北美洲	22.8	22.4	22.5	22.9	22.6	20.7	19.2	19.9	19.4

资料来源：中国海关。

进口方面，进口洲际分布结构与出口大致相同，亚洲是我国进口产品的最大来源地，其次是欧洲和北美洲。2002年，中国从亚洲进口1902.8亿美元，占中国全部进口的64.5%，到2010年，此项进口达8349.5亿美元，占59.8%。2002年中国从欧洲进口534.1亿美元，占18.1%，2010年进口2178.7亿美元，占15.6%；2002年中国从北美洲进口308.8亿美元，占10.5%，2010年进口1170.8亿美元，占8.4%（见图2-9和表2-2）。

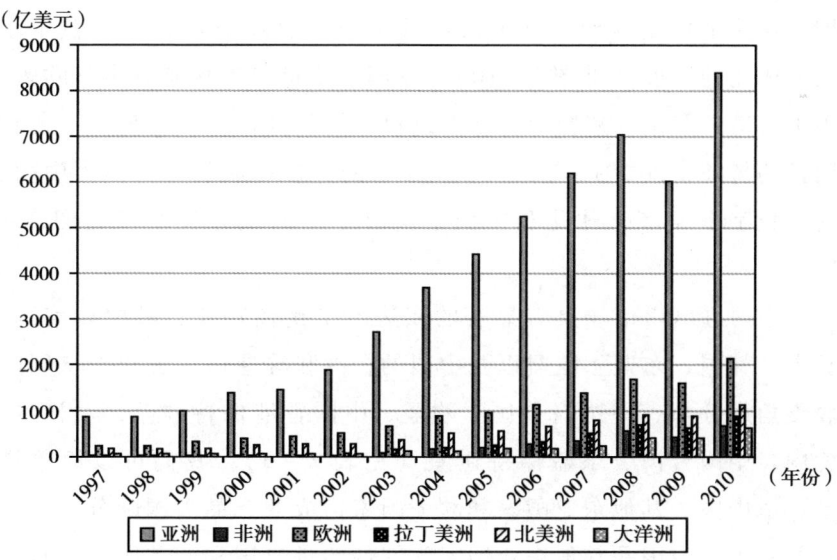

图2-9　1997—2010年中国进口洲际分布走势

资料来源：中国海关。

表 2-2　　　　　主要进口洲际占比情况　　　　　单位:%

年份	2002	2003	2004	2005	2006	2007	2008	2009	2010
亚洲	64.5	66.1	65.8	66.9	66.4	64.8	62.0	60.0	59.8
欧洲	18.1	16.9	15.9	14.6	14.5	14.6	14.8	16.1	15.6
北美洲	10.5	9.3	9.3	8.5	8.5	8.4	8.3	8.9	8.4

资料来源：中国海关。

（二）贸易伙伴国别分析

通过对中国进、出口市场的分析，发现中国的进、出口市场相对集中，主要出口市场有中国香港、美国、日本、欧盟、东盟等。从 1997 年与 2010 年出口结构与排名的分析中可以看出，中国的主要贸易伙伴在过去的十多年里占比发生了一些显著变化，其中最明显的是中国香港，1997 年，香港是中国内地的主要出口市场，占全部出口的 24%，之后逐渐减少，至 2010 年，该比重降为 14%。增长最快市场是欧盟，这不仅得益于中国加入 WTO，也得益于欧洲一体化的发展（见图 2-10）。我国主要进口市场有日本、欧盟、中国台湾、美国、东盟等。在对进口市场的分析中，发现一个比较明显的特征，即 2010 年中国约有 8% 的进口产品的原产国为中国，这一数字是经济全球化和中国是世界工厂的最好证明（见图 2-11）。

中国进出口市场具有显著的双边不平衡性特点，其中以美国、日本、韩国、东盟、欧盟以及中国的台湾和香港最为突出。从国际收支角度分析，中国对美国、欧盟、中国香港保持顺差，对日本、韩国、中国台湾、东盟保持逆差（见表 2-3）。我们可以简单推测，由中国、其他东亚国家和欧美国家构成的产品内国际分工的三角贸易中，中国是其他东亚国家零部件的进口国和欧美国家终端产品的出口国。

第二章 中国制造业发展现状分析

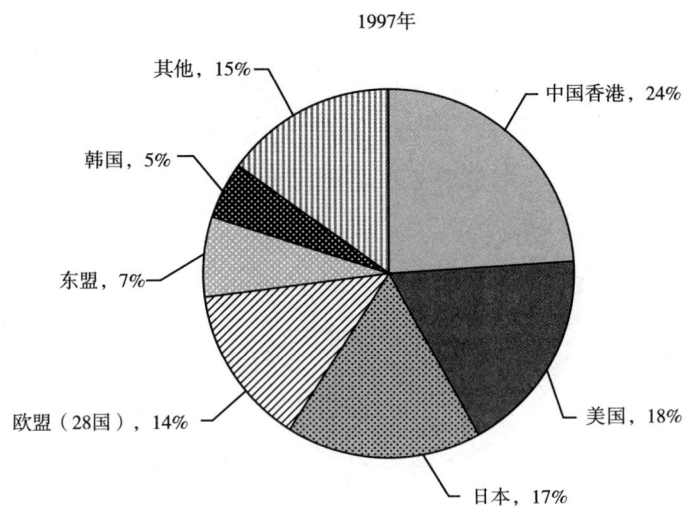

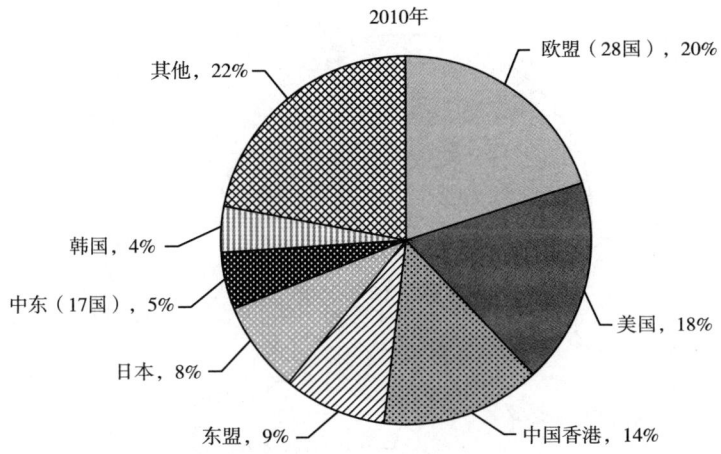

图2-10 1997、2010年中国主要贸易伙伴出口占比情况

资料来源：中国海关。

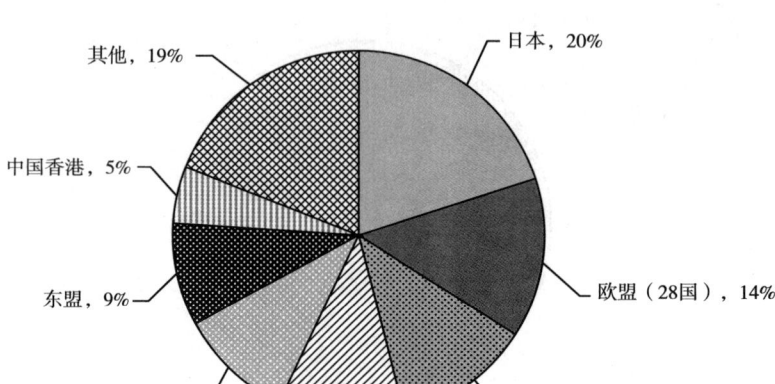

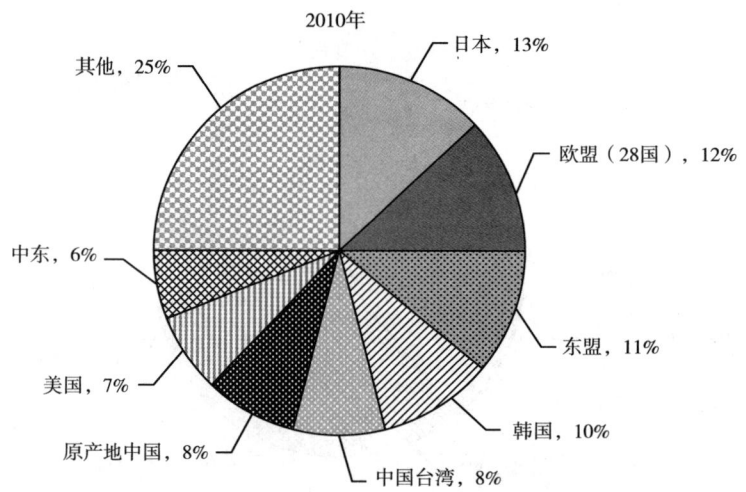

图 2-11　1997、2010 年中国主要贸易伙伴进口占比情况

资料来源：中国海关。

第二章 中国制造业发展现状分析

表 2-3　2002—2010 年中国与主要贸易伙伴贸易顺差情况　单位：亿美元

		2002	2003	2004	2005	2006	2007	2008	2009	2010
顺差	美国	427	586	803	1143	1442	1633	1710	1433	1812
	欧盟（28 国）	132	242	384	721	1000	1357	1622	1095	1441
	中国香港	477	652	891	1122	1445	1716	1778	1575	2060
逆差	日本	50	147	208	164	240	319	345	330	557
	韩国	130	230	344	417	452	473	382	489	696
	中国台湾	315	404	512	581	664	776	775	652	861
	东盟	76	164	201	196	182	139	27	5	165

注：灰色字体表示逆差。
资料来源：中国海关。

五、商品结构分析

（一）工业制成品增长迅猛

中国初级产品和制成品出口贸易结构出现了显著的转变。在改革开放初期，中国出口产品主要是初级产品，1980 年其所占份额超过了 50%，之后，初级产品所占份额日趋下降，工业制成品的出口额占出口总额的比重逐步提高，工业制成品逐渐成为中国出口贸易的绝对主导产品。如图 2-12 所示，中国工业制成品出口额占出口总额的比重在 2001 年达到了 90.1%，且 2006—2012 年均一直保持在 94.5% 以上。1980—2012 年，中国工业制成品出口的总体增长速度快于中国总出口的增长速度。

（二）高新技术产品快速增长

从进出口产品的内部构成来看，高新技术产品 2002—2012 年增长迅速。进口方面，2002 年中国进口高新技术产品 786 亿美元，2012 年进口 5070.8 亿美元，年均增长 20.5%；出口方面，2002 年中国出口高新技术产品 614.9 亿美元，2012 年出口 6011.7 亿美元，年均增长

产品内国际分工与中国制造业产业升级

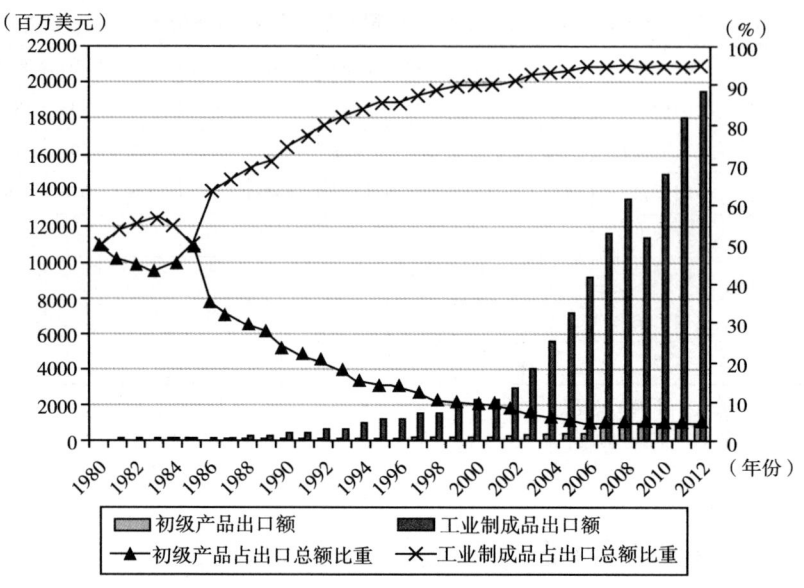

图 2-12 1980—2012 年中国出口产品结构走势

资料来源：国家统计局网站。

25.6%；贸易差额方面，2002—2006 年，高新技术产品表现为贸易逆差，2007 年出口实现了赶超，2007—2012 年均表现为贸易顺差（见图 2-13）。上述现象的出现可能是由于 2002 年中国加入 WTO 初始，中国制造业尚处于初步发展阶段，随着中国各项外贸政策、外资政策逐步放开，中国制成品的生产必然依赖高新技术产品的大量进口而得以进行，此时高新技术产品表现为贸易逆差。经过若干年的"干中学"，中国在一定程度上已经具备了部分高新技术产品的生产能力，对进口的依赖程度有所下降，此时，中国的高新技术产品表现为贸易顺差。

孟渤（2012）在其研究中表示，中国在参与全球价值链的生产过程中，逐渐形成了从东盟国家进口中间产品，经过加工生产出口到欧美等发达国家的价值链条。为此，本书从贸易差额视角佐证了孟渤的分析结果（见表 2-4）。这种情况的出现主要原因可能是：中国经过数十年的发展，生产能力得到提高、生产环节得到提升、人口红利逐渐消失，东盟国家作为后起之秀，在劳动力成本方便较之中国表现

第二章 中国制造业发展现状分析

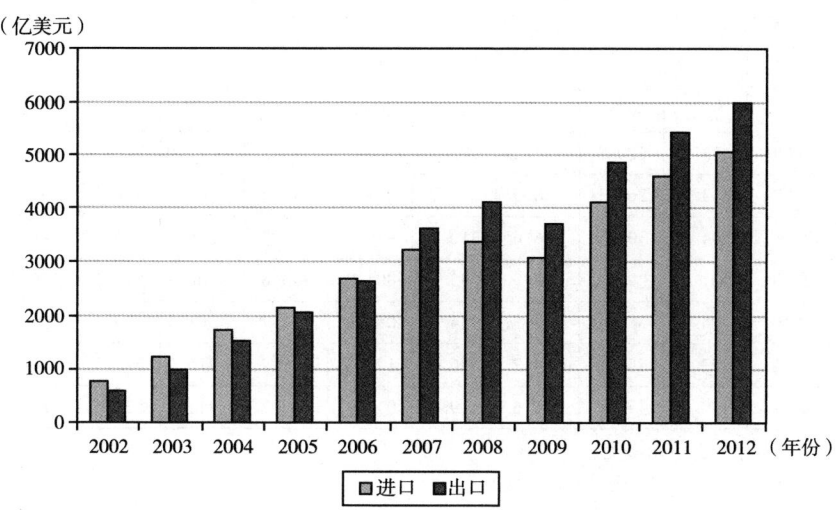

图 2-13　2002—2012 年高新技术产品进出口走势

资料来源：中国海关。

出更强的比较优势，因此发达国家跨国企业作为全球价值链的发起者和控制者，将更为低端的劳动密集型环节的生产安排在东盟国家进行、将中端劳动密集型和资本密集型环节的生产安排在中国进行、将高端技术密集型环节和高增加值环节的生产安排在本土进行，由此形成了东盟—中国—欧盟和美国的全球生产模式，在国际贸易中就表现为中国从东盟国家进口经过简单加工的高新技术中间产品，欧盟和美国从中国进口经过再加工的高新技术产品，因此在贸易差额上就表现为中国对东盟的逆差和对欧盟和美国的顺差。

表 2-4　2002—2012 年中国对东盟、欧盟和美国的进出口情况

年份	进口			出口			净出口		
	东盟	欧盟	美国	东盟	欧盟	美国	东盟	欧盟	美国
2002	125.1	86.9	99.5	62.1	115.2	142.0	-62.9	28.3	42.6
2003	218.6	115.4	109.7	82.7	230.5	247.3	-135.9	115.0	137.6
2004	301.4	156.8	137.3	126.1	353.8	369.4	-175.3	196.9	232.1
2005	397.7	178.4	151.8	162.0	471.1	457.7	-235.8	292.7	305.9

续表

年份	进口			出口			净出口		
	东盟	欧盟	美国	东盟	欧盟	美国	东盟	欧盟	美国
2006	473.2	220.3	214.1	225.3	583.2	579.2	-247.9	362.9	365.1
2007	583.7	264.1	238.9	279.7	848.3	742.7	-304.0	584.2	503.7
2008	584.6	301.8	236.6	310.2	978.2	777.9	-274.3	676.4	541.3
2009	501.3	291.2	226.9	295.1	801.4	753.6	-206.2	510.2	526.8
2010	706.2	356.1	288.3	344.8	1085.3	957.7	-361.5	729.2	669.4
2011	792.7	450.9	284.7	376.2	1123.0	1056.7	-416.5	672.0	772.0
2012	830.8	477.7	325.6	419.6	1016.3	1143.7	-411.2	538.6	818.1

资料来源：中国海关。

第二节 中国制造业发展现状分析
——基于中间产品贸易的分析

国际产品分工先后经历了产业间分工、产业内分工和产品内国际分工三个阶段。其中，产品内国际分工在20世纪80年代后期逐渐成为国际分工的典型形态。作为发展中国家，我国凭借生产要素禀赋优势、加工贸易政策、巨大的需求潜力，中国在全球分工中的地位不断得到提升，在20世纪90年代后期，逐渐发展成为全球价值链低端环节生产基地，主要承接加工组装生产环节的生产，中间产品贸易迅速扩张。本部分内容将深入剖析我国参与产品内国际分工的现实形态和发展现状。本节对中间产品贸易的计量主要建立在联合国BEC分类方法的基础上，并进行一定修正。2002年联合国新颁布的BEC分类方法，将贸易商品根据最终用途分为资本品、中间品和消费品，而在此之前，将商品分为初级产品、中间产品和最终产品（资本品、消费品）。根据2002年前后两种分类办法，结合研究目的，剔除资源类中间产品，即本节讨论的中间品主要包括21、111、22、121、42和

53 类产品，其中半成品为 22 类和 121 类，零部件为 42 类和 53 类，是本书分析的重点（见表 2-5）。

表 2-5　　　　　　　　SNA 与 BEC 对照

SNA		BEC 编码
中间产品	半成品	121
		22
	零配件	42
		53
	其他	111
		21
最终产品	资本品	41
		521
	消费品	112
		122
		51
		522
		61
		62
		63

资料来源：根据联合国 BEC 分类法和本节研究目的加以整理。

一、中间产品贸易特点分析

（一）中间产品贸易发展迅速，贸易结构出现转变

中国加入世贸组织（WTO）后，国内经济和加工贸易飞速发展，中间产品贸易进口规模不断扩大。2000 年中间产品总进口为 1540 亿美元，到 2005 年已增加到 4403.4 亿美元，2012 年达到 10630 亿美元，占同期全部进口商品的 58.5%，12 年间，中间产品进口额增长了 590.3%。其中，半成品从 2000 年 839 亿美元增加到 2005 年 1825.7 亿美元，2012 年为 3825.4 亿美元，12 年间增长了 355.9%；

零部件进口则从 2000 年 545.3 亿美元增加到 2005 年 1949.5 亿美元，2012 年为 4228.3 亿美元，12 年间增长了 675.4%。2005 年之前，半成品进口规模大于零部件进口规模，2005 年以后，零部件进口规模实现赶超（见图 2-14 和图 2-15）。

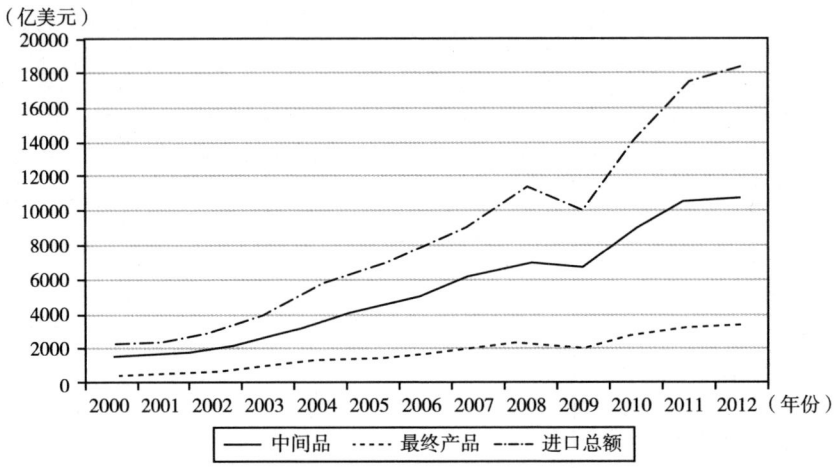

图 2-14　2000—2012 年中间产品和最终产品进口规模走势

资料来源：un comtrade 数据库。

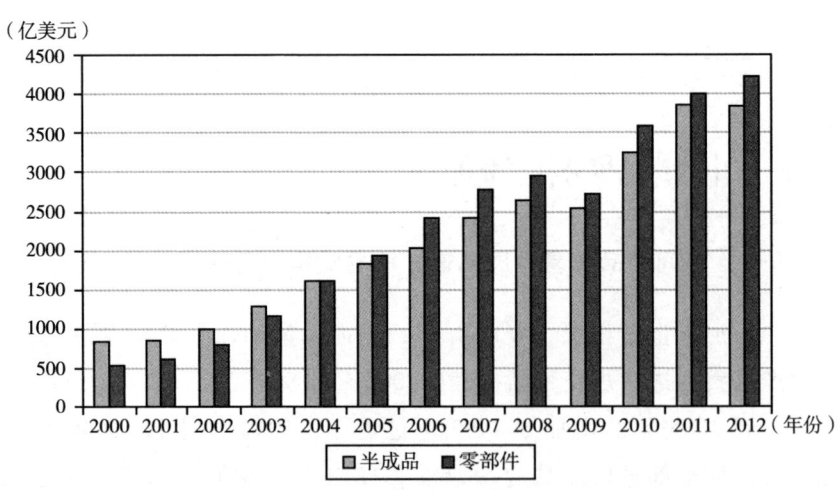

图 2-15　2000—2012 年半成品和零部件进口规模走势

资料来源：联合国 comtrade 数据库。

中间产品进口规模不断增长导致进口依存度处于较高水平。2000年和2012年,中间产品占总进口的比重分别为68.4%和58.5%。其中,半成品占比呈下降态势,2000年半成品占比为37.3%,2012年下降至21%;零部件占比呈抛物线走势,其占比从2000年的24.2%上升到2006年30.5%最高点后逐渐下降至2012年的23.3%,但仍然高于半成品占比。这一变化可能表明中国的国际分工地位逐步提高,从简单组装逐步向有技术含量的装配发展(见表2-6)。

表2-6　　2000—2012年中间产品和最终产品进口占比　　单位:%

类别		2000年	2002年	2004年	2006年	2008年	2010年	2012年
中间产品	半成品	37.3	34.0	28.8	25.5	23.3	23.5	21.0
	零部件	24.2	27.4	28.6	30.5	26.0	25.9	23.3
	其他	6.9	6.1	8.8	9.3	13.9	14.3	14.2
	小计	68.4	67.5	66.2	65.4	63.2	63.7	58.5
最终产品	资本品	17.5	21.0	21.1	19.2	16.9	16.2	14.1
	消费品	3.9	3.6	3.2	3.3	3.4	3.6	4.4
	小计	21.4	24.7	24.3	22.5	20.3	19.8	18.5

资料来源:根据联合国comtrade数据库整理。

出口方面,中国中间产品出口同样呈现快速增长势头,出口额从2000年的890.5亿美元增加到2012年的8189.6亿美元,占比由2000年的35.7%增加到2012年的40%(见图2-16)。其中,半成品从2000年517.5亿美元增加到2012年4257.6亿美元,12年间增长了722.7%;零部件进口则从2000年319.7亿美元增加到2012年3619.5亿美元,12年间增长了1032.2%。分析两者所占全部中间产品比重发现,零部件出口比重逐步提高,从2000年的35.9%增长到2012年的44.2%。这与中国劳动力素质的提高和国家整体技术水平提高有关,表明中国正在向全球价值链更高增加值环节攀升。同时,半成品出口比重不断下降,2000年占58.1%,2012年占54.4%,占比依旧高于零部件。

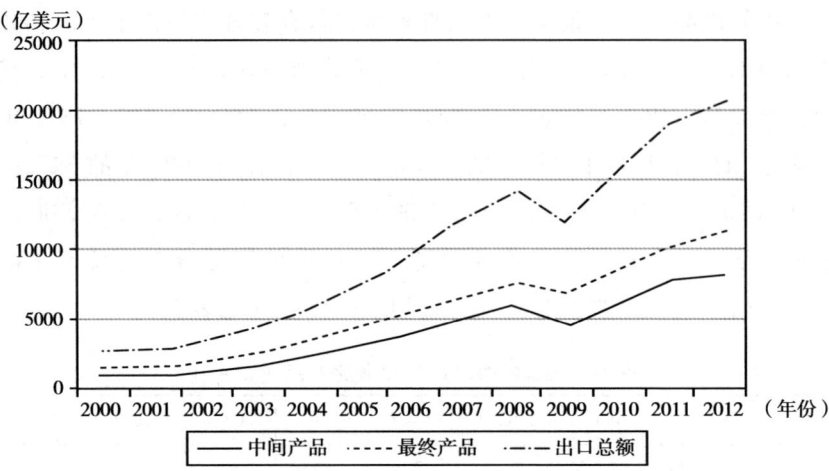

图2-16 2000—2012年中间产品和最终产品出口规模走势

资料来源：联合国comtrade数据库。

在中间产品贸易上，中国处于净逆差的地位，且逆差规模不断扩大，但逆差项目主要来源于其他中间产品，即初级产品；半成品和零部件的逆差结构在过去十年中发生了较大变化。半成品逆差呈现萎缩态势，自2006年起，半成品由逆差变为顺差，并逐步扩大，除2009年金融危机年份外，半成品一直保持顺差至今；零部件方面逆差则呈现不断扩大之势，2000年零部件逆差为225.7亿美元，2012年增长到608.7亿美元，增长超过1.7倍（见图2-17）。

以上数据分析表明，在全球一体化进程中，中国参与国际产品内国际分工的能力不断加强。在产品内国际分工初级阶段，中国大量进口半成品进行简单加工装配再出口，因此半成品进出口贸易会产生大量贸易逆差，半成品进口越多，贸易逆差越大；随着国际产品内国际分工进一步深化，生产由简单加工装配逐步向自主生产，即由OEA向OEM转变，此时零部件进口会大幅增加，进而零部件贸易逆差大幅增加，同时，半成品进口出现萎缩，这可能与产业链的整体转移相关，即半成品的简单加工装配环节逐渐向东南亚等劳动力更为低廉的国家转移，而这种转移的起点恰好是中国，这会导致中国的半成品出口增加，半成品贸易顺差形成。对这一问题的分析将在后面贸易流向中详细阐述。

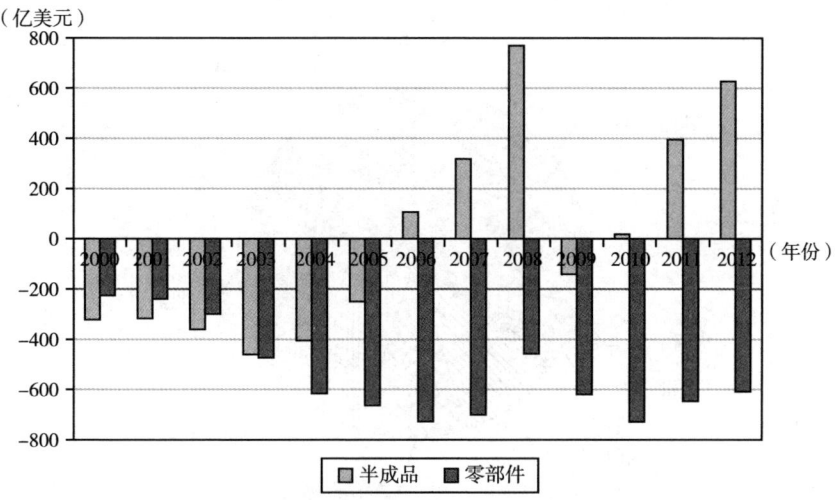

图 2-17　2000—2012 年半成品和零部件逆差规模走势

资料来源：联合国 comtrade 数据库。

（二）中间产品贸易伙伴分布相对集中，占比变化明显

从中间产品贸易伙伴的分布来看，日本、韩国、东盟、欧盟、美国以及中国香港在过去 10 年间都是中国最主要的中间产品来源国家（地区），2000 年中国从以上 6 个国家和地区进口的中间产品占中国全部进口中间产品的 67%，2012 年占 61%。但是作为中国最主要的中间产品贸易伙伴，以上 6 个国家和地区的贸易流量和地位发生了显著的变化。2000 年，从日本进口的中间产品占同期全部进口中间产品的 20%，同期欧盟占 13%，韩国占 12%，紧随其后的是东盟 10%、美国 9%、中国香港 4%；12 年间，日本占比出现大幅下滑，到 2012 年，从日本进口的中间产品占同期全部进口中间产品的 11%，降幅达 45%，欧盟下降 3 个百分点，韩国占比变化不大，为 11%，东盟占比提高 3 个百分点，中国香港下降 3 个百分点。值得一

提的是从中国香港进口的中间产品 2000—2012 年 13 年间仅增长了 1.3 倍,远低于对世界年均增速(见图 2 – 18)。

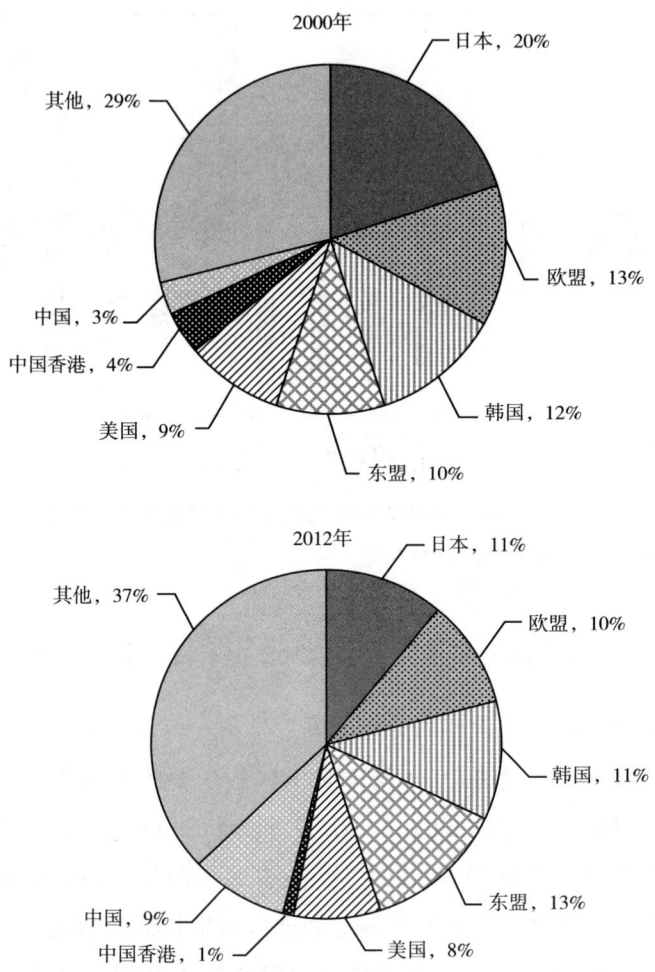

图 2 – 18 2000 年与 2012 年进口中间产品区域分布

资料来源:联合国 comtrade 数据库。

中间产品包括初级产品、半成品和零部件,这三类产品贸易占比的变化在一定程度上能够反映全球价值链的分布情况。在通常情况下,零部件生产在全球价值链中所占据的生产环节高于半成品,半成品高于初级产品。为呈现中间产品内部结构在各个贸易伙伴的变动情况，反映全球价值链在过去10年间的转移与调整，对中间产品内部结构，主要是半成品和零部件的国（地区）别特征进行分析。中国中间产品进口总额呈逐年增长态势，其中半成品和零部件也表现出快速增长态势。值得注意的是，零部件进口增速高于半成品进口增速，绝对量上也实现了赶超。就其贸易流向而言，零部件实现对半成品的赶超，东盟、韩国贡献较大，日本、欧盟次之。其中从东盟进口零部件在2001年实现了对半成品的赶超，韩国在2005年实现了零部件对半成品的赶超。例外的是，中国从美国进口的半成品始终高于从美国进口的零部件，这一趋势有扩大之势（见图2-19）。

  从以上数据分析可以得到如下基本结论：（1）日本作为中国中间产品贸易伙伴的地位有所下降，这不仅与日本本国经济陷入衰退有关，也与日本经济发展战略向东南亚转移以及中日两国政治关系有关；（2）来自中国香港中间产品占比逐年下降，更多的中间产品以更直接的方式进入中国而不再经过香港中转，中国香港作为中国与世界贸易的桥梁作用正随着中国对外开放和加入WTO的深化而减弱，中国以更直接的方式参与国际分工与贸易，对外经济活动独立性增强；（3）中国加工贸易来自中国的中间产品进口的增加表明中国参与全球产品内国际分工的程度不断加深，中国作为"世界工厂"的地位得到强化；（4）零部件进口的大幅增长表明中国参与产品内国际分工的地位有所提高，在全球价值链中的位置实现一定攀升，但较之美国还有很大差距。

  出口方面，2000年中国对日本、韩国、东盟、欧盟、美国以及中国香港出口的中间产品占中国全部出口中间产品的81.7%，2012年占68%。2000年，中国对中国香港出口的中间产品占同期全部出口中间产品的21.9%，欧盟、美国、日本、东盟和韩国分别占14.8%、14.2%、13.5%、10.3%和7.1%；12年间，中国香港和日

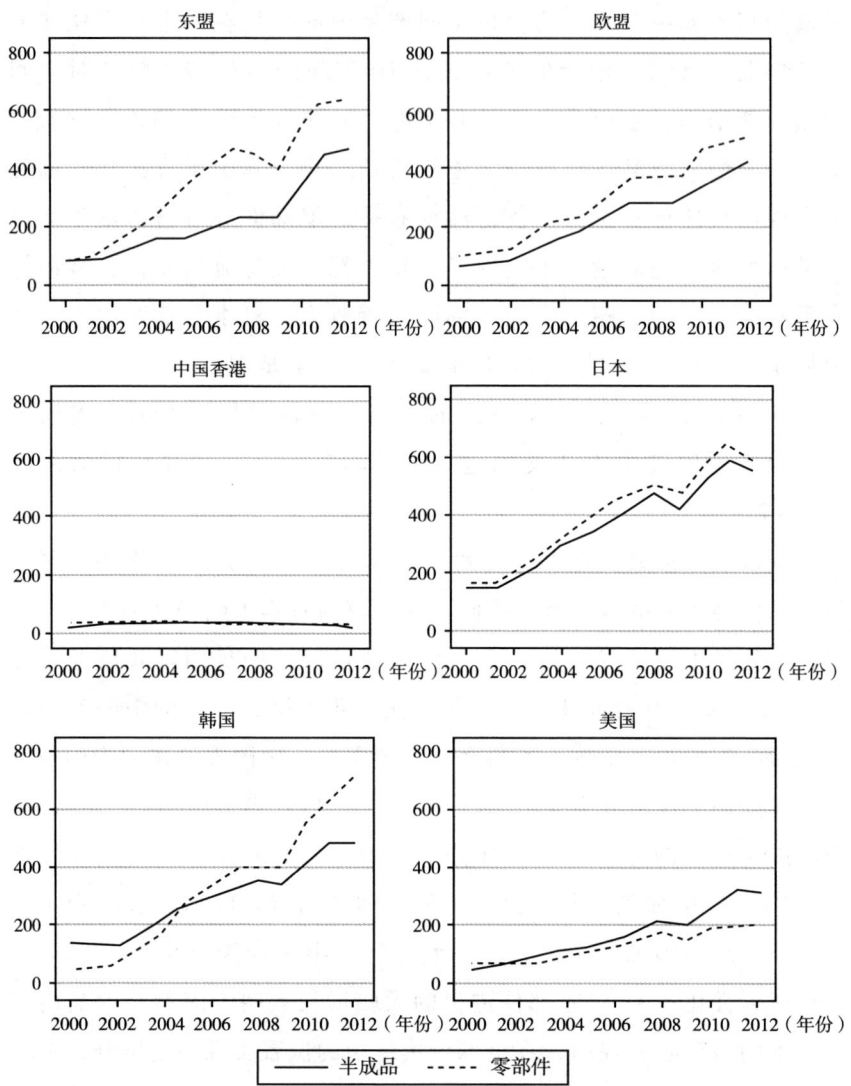

图 2－19 各主要贸易伙伴半成品和零部件进口走势

资料来源：联合国 comtrade 数据库。

本占比出现大幅下滑，分别跌落至 16.2% 和 6.9%，东盟占比提高 2.1 个百分点，欧盟、美国和韩国变化不大（见图 2－20）。

从贸易差额来看，中国中间产品贸易对美国表现为顺差，对东

第二章　中国制造业发展现状分析

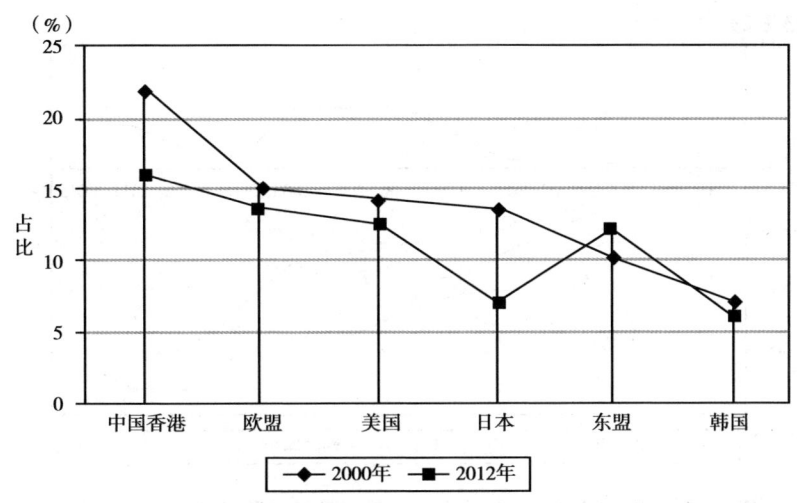

图 2-20　2000 年与 2012 年中间产品出口区域分布

资料来源：联合国 comtrade 数据库。

盟、韩国和日本表现为逆差。2002 年中国中间产品贸易对美国净出口 15.8 亿美元，同期对东盟净进口 95.5 亿美元，对韩国净进口 126.7 亿美元，对日本净进口 231.7 亿美元；2012 年中国中间产品贸易对美净出口 156.6 亿美元，同期对东盟净进口 305 亿美元，对韩国净进口 702.4 亿美元，对日本净进口 631.8 亿美元。中国从东盟国家、韩国和日本进口中间产品，对美国出口中间产品（见图 2-21）。

（三）中间产品比较优势分析

衡量一国比较优势的指标主要有以下三种：显性比较优势（RCA）、净贸易指标（NTR）和贸易平衡贡献度指标。夏平（2007）认为贸易平衡贡献度指标较之显性比较优势和净贸易指标有其优越性：一是每种产品的常规化贸易平衡和总体常规化贸易平衡均被纳入贸易平衡贡献度指标的考虑范围，因此由于宏观经济变动导致的比较优势的扭曲可以得到控制，比较优势往往是结构性的，贸易的流动短期内会受到周期性的影响；二是进口、产业内贸易和复出口等因素同

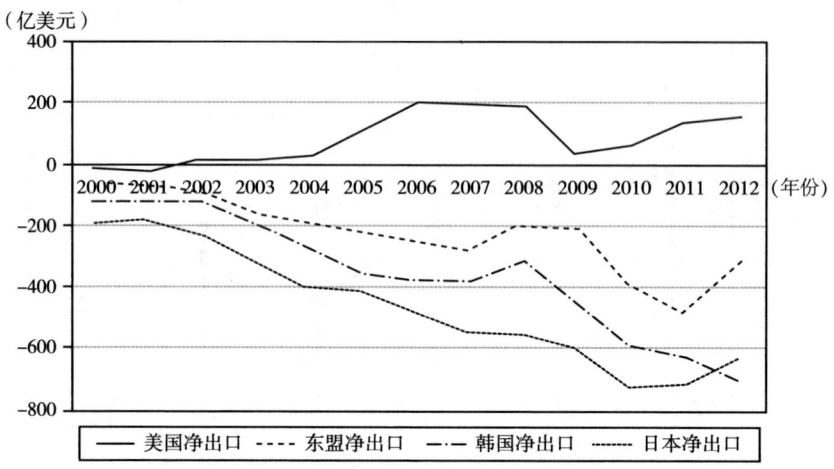

图 2-21 2000 年与 2012 年中国中间产品对各贸易伙伴净出口走势

资料来源：联合国 comtrade 数据库。

样被纳入贸易平衡贡献度指标考虑范围；三是每种产品对贸易的贡献可以通过其在贸易中的相对重要性被正确衡量。

贸易平衡贡献度指标用公式表示：

$$L_j = 100 \times \left[\frac{X_j - Y_j}{X_j + Y_j} - \frac{\sum_j^N (X_j - Y_j)}{\sum_j^N (X_j + Y_j)} \right] \times \frac{X_j + Y_j}{\sum_j (X_j + Y_j)} \quad (2-1)$$

其中，j 表示产品类别，N 是所有产品种类，X 代表出口，Y 代表进口。如果 $L_j > 0$，就表明该类产品具有比较优势，值越大，优势越明显，专业化程度也越高；反之具有比较劣势，值越小，专业化程度越低，比较劣势越明显。

本节按照以上方法对半成品、零部件、资本品和消费品贸易平衡贡献度指标进行计算，得到如下结果：2000—2012 年，中国中间产品长期处于比较劣势，其中半成品 L 值震荡下降，劣势地位加剧，零部件 L 值有所增加，劣势地位稍有改善；另外，一直处于比较优势地位的消费品 L 值逐年减小，优势地位下降；资本品则呈现出动态比较优势，2000—2004 年 L 值为负值，处于比较劣势，2005 年后 L 值转正并逐年增加，处于比较优势（见表 2-7）。

表 2-7　　　　　　　　各类产品 L 指标

类别	2006	2007	2008	2009	2010	2011	2012
半成品	-4.6	-4.5	-3.8	-6.5	-5.6	-5.1	-5.0
零部件	-9.9	-9.6	-8.8	-8.9	-8.6	-8.1	-8.6
资本品	0.9	1.6	1.3	2.8	2.2	1.9	2.7
消费品	13.6	12.5	11.4	12.6	12.0	11.3	10.8

资料来源：作者根据联合国 comtrade 数据库数据计算所得。

对于中国中间产品贸易平衡贡献度指标值可以做如下理解：中国在劳动力和资源上处于比较优势，而在资金和技术中处于比较劣势，因此，中国在全球贸易中从事的是简单加工装配，即承接的是劳动密集型环节的生产，也被冠以"世界工厂"的称号。由于上述比较优势的存在，中国在资本密集型和技术密集型中间产品，特别是零部件的生产上处于相对弱势，只能依靠进口大量高技术中间产品来填补，然后经简单加工装配后用于出口，这直接导致中间产品出口远远小于进口，而最终产品出口远大于进口，因而中国在中间产品贸易中表现为逆差，而在最终产品贸易上却表现为顺差。这与前面对中间产品贸易逆差的分析结果一致。另外，零部件和资本品的表现表明中国正在向技术密集型和资本密集型的比较优势迈进，中国在全球价值链中的地位正在逐渐上升。

二、中国中间产品贸易现状原因分析

中国在过去 10 年间参与产品内国际分工的深度和地位有很大发展，中间产品进口逐步由半成品进口转向零部件进口，生产环节进一步提高。但是，目前中国在半成品的生产上仍然处于比较劣势，中间产品仍然依赖大量进口,中国仍然是中间产品逆差国,意味着中国是零部件装配国,中国总体上依然处于装配国地位,产品内国际分工地位有待进一步提高。中国参与产品内国际分工具有明显的区域特征,东亚生产网络的形成有效促进了中国产品内国际分工的发展。中国产品内国际分工呈现上述特点的主要原因有如下几点。

(一) 比较优势

比较优势是推动产品内国际分工发展的主要原因之一。相比发达经济体而言,中国具有廉价的劳动力、丰富的土地等自然资源。中国廉价劳动力是吸引跨国公司在华投资的主要动力,是中国产品内分工得以发展的主要原因所在。正如前面分析所言,在嵌入全球价值链的初期,中国从事简单加工装配环节生产,生产所需技术以及所生产产品不对技术输出国产生威胁,相反,为确保产品质量,技术输出国会对中国工人进行培训和相关生产技术转移。这在一定程度上促进了中国产品内国际分工的深化,促进了中国知识资本、人力资本和技术资本的积累,推动了中国制造业产业升级。20世纪末中国就被誉为"世界工厂",表明本土OEA企业与OEM企业在全球代工体系中扮演了非常重要的角色。在产品内国际分工发展的后期,尤其是近年来,中国人口红利逐步消失,土地成本逐年增加,中国代工企业受到来自其他发展中国家的竞争,发达国家外商直接投资出现转向东南亚国家寻找新的比较优势的苗头,中国企业基于廉价劳动力优势的OEA、OEM国际代工模式正面临着严峻的挑战;另外,中国生产技术的提高引起发达国家高度警惕,"中国威胁论"声调高涨。发达经济体出于对战略环节核心技术的保护,对代工生产环节的技术严格把控,防止核心技术外泄。中国代工生产出现技术"瓶颈"。中国应将注意力由"外力"转向"内力",依靠发挥基础设施、环境制度等比较优势,致力于核心技术和竞争力的培育以促进中国制造业产业升级。

第二章 中国制造业发展现状分析

(二) 外贸政策

对发展中国家来说，加工贸易是其融入产品内国际分工与全球价值链的主要方式。中国海关对加工贸易的定义是从境外保税进口全部或部分原辅材料、零部件、元器件或包装物料，经境内企业加工或装配后，制成品复出口的经营活动，包括来料加工和进料加工两种形式。中国对加工贸易的税收优惠极大地促进了加工贸易的发展。由于加工贸易大幅增长的带动，中间产品贸易进口规模也不断扩大。对高科技中间产品的模仿与学习是中国进行知识资本和人力资本积累的主要方式之一，因此，关于加工贸易的鼓励政策促进了中国产品内国际分工的发展和中国制造业产业升级。伴随中间产品贸易的增加，往往有大量外资流入。外商来华投资于20世纪90年代初逐渐进入高潮，1990—2012年，中国实际利用外资的年均增长率为17.07%，2012年中国实际利用外商直接投资1117.16亿美元。

(三) 区域生产网络的形成

中国参与产品内国际分工具有明显的区域特征，这与区域生产网络的形成关系密切：一是中国具有丰富而廉价的劳动力，且与东亚、东南亚地区地理位置接近、文化传统相似，为上述地区跨国公司利用比较优势组织生产创造了条件。来自上述地区的跨国公司从本国进口核心零部件，在中国进行组装加工生产，直接表现为中国大量进口中间产品。二是中国、东盟国家、东亚各国经济发展呈现阶梯层次为跨国公司布局生产提供客观基础。"雁型"理论认为日本率先实现工业化后，将其成熟的产业转移到亚洲"四小龙"进行生产，当这些地区发展起来后，又将其成熟产业转移至东盟各国。20世纪80年代，中国开始嵌入全球价值链，参与产品内国际分工，东亚区域生产网络逐步形成。在该生产网络中，日本、韩国等东亚国家（地区）从事技术密集型环节的生产，获取高增加值，"四小龙"国家或地区从事资本密集型环节生产，东盟国家和中国从事劳动密集型环节生产，即东盟国家和中国、韩国、日本等东亚国家（地区）从低到高处于全球价值链的不同环节。而中国逐渐成为中间产品中转站：从亚洲国家和地区进口中间产品，组装加工生产后将最终产品出口到美国和欧盟等发达国家和地区（孟渤，2012），直接表现是中国中间产品贸易对东盟国家的逆差和对欧盟和美国的顺差。

产品内国际分工与
中国制造业
产业升级
Chapter 3

第三章 中国制造业参与产品内国际分工影响因素分析

第一节 中国参与产品内国际分工程度测度
——基于投入产出表分析

一、产品内国际分工测度方法

在第一章理论基础与文献综述部分介绍了产品内国际分工的主要测度方法,主要有基于零部件进出口贸易的测度、基于联合国BEC分类项下中间产品的测度、基于加工贸易数据的测度和基于投入产出表的测度。本章选择投入产出法,将一国进口品分为用于国内最终消费和用于出口品生产两部分,用进口品对于出口的价值占全部出口额的比重来计算垂直专业化率,即国外提供的中间产品价值占出口品价值的比重。该方法可以清楚地揭示中国出口贸易在产品内国际分工模式下价值链的相对地位,准确估算中国出口贸易中的国外含量。

(一) 投入产出模型

目前,国家统计局编制的国内投入产出表属于进口竞争型投入产出表。该投入产出表假定进口产品和国内同类产品可以互相替代。进口竞争型投入产出表如表 3-1 所示,其中,$A = \{a_{ij}\}$ 为 $n \times n$ 阶直接消耗系数矩阵;Y 为 $n \times 1$ 阶产出的最终需求向量;X 是 $n \times 1$ 阶的总产出向量;E 为 $n \times 1$ 阶的出口向量;M 为 $n \times 1$ 阶的进口向量;$A_v = \{v_j\}$ 是 j 部门最初投入与总产出的比例,为 $n \times 1$ 阶行向量。

在竞争型投入产出表中,有如下关系式:

$$\sum_{j=1}^{n} X_{ij} + Y_i = X_i \tag{3-1}$$

即

$$\sum_{j=1}^{n} a_{ij} X_j + Y_i = X_i \tag{3-2}$$

表 3-1 竞争型投入产出表

		中间使用				最终使用	出口	进口(-)	总产出
		部门 1	部门 2	...	部门 n				
中间投入	部门 1	a_{11}	a_{12}		a_{1n}	Y_1	E_1	M_1	X_1
	部门 2	a_{21}	a_{22}	...	a_{2n}	Y_2	E_2	M_2	X_2
	...	...	...		...	...	...	...	...
	部门 n	a_{n1}	a_{n2}		a_{nn}	Y_n	E_n	M_n	X_n
最初投入		V_1	V_2		V_n				
总投入		X_1	X_2	...	X_n				

其中，a_{ij} 表示直接消耗系数，表示第 j 部门生产单位产品直接消耗的第 i 部门的产品量。

用矩阵表示为：

$$AX + Y = X \Rightarrow X = (I - A)^{-1} Y \quad (3-3)$$

$$A = \begin{bmatrix} a_{11} & a_{12} & \cdots & a_{1n} \\ a_{21} & a_{22} & \cdots & a_{2n} \\ \cdots & \cdots & \cdots & \cdots \\ a_{n1} & a_{n2} & \cdots & a_{nn} \end{bmatrix} \quad (3-4)$$

其中，A 表示直接消耗系数矩阵，$(I - A)^{-1}$ 为里昂惕夫逆矩阵。

如要反映各部门的循环效应，需要使用完全消耗系数来表示，它反映了某部门为获得单位最终产品对各部门总产出的直接消耗量和间接消耗量的总和，完全消耗系数等于直接消耗系数和全部间接消耗系数的总和。b_{ij} 表示单位 j 部门产品对 i 部门产品的完全消耗系数，用 B 来表示完全消耗系数矩阵，则：

$$b_{ij} = a_{ij} + \sum_{k=1}^{n} a_{ik} a_{kj} + \sum_{s=1}^{n} \sum_{k=1}^{n} a_{is} a_{sk} a_{kj} + \sum_{t=1}^{n} \sum_{s=1}^{n} \sum_{k=1}^{n} a_{it} a_{ts} a_{sk} a_{kj} + \cdots \quad (3-5)$$

$$B = A + A^2 + A^3 + A^4 + \cdots$$
$$= A(I + A + A^2 + A^3 + A^4 + \cdots) \quad (3-6)$$
$$= A(I - A)^{-1} = (I - A)^{-1} - I$$

非竞争型投入产出表假定进口产品和国内同类产品不能互相替

代,如表3-2所示。当进口投入和国内中间投入单独计算时,扩展的投入产出表可表示如下:

$$A^D X + Y^D = X \qquad (3-7)$$

$$A^M X + Y^M = M \qquad (3-8)$$

$$(A^D X + A^M)'X + \hat{A}_V X = X \qquad (3-9)$$

$$uA^D + uA^M + A_V = u \qquad (3-10)$$

其中,$A^D = \{a_{ij}^d\}$ 为 $n \times n$ 阶国内消耗系数矩阵,$A^M = \{a_{ij}^m\}$ 为 $n \times n$ 阶进口系数矩阵,$\hat{A}_V$ 是最初投入与总产出 X 之比,为 $n \times n$ 阶对角矩阵,u 为 $1 \times n$ 阶单位向量。下标 i 和 j 代表部门,上标 D 和 M 分别代表本国生产和进口的产品。式(3-7)表示部门总产出等于中间投入的生产所需和最终消费之和。式(3-8)表示部门总进口等于中间产品的生产性消费和国内最终消费之和。式(3-9)表示部门总产出由中间投入和最初投入两部分生产而成。式(3-10)表示部门总产出等于本国生产的中间投入品、外国生产的中间投入品成本和直接的最初投入的价值总和。

由式(3-7)得出:

$$X = (I - A^D)^{-1} Y^D \qquad (3-11)$$

其中,$(I - A^D)^{-1}$ 是里昂惕夫逆矩阵,表示当最终需求增加一单位时,整个经济部门所产生的对中间投入品的直接、间接需求。

表3-2 非竞争型投入产出表

		中间使用				最终使用	出口	总产出
		部门1	部门2	…	部门n			
中间投入	部门1	a_{11}^d	a_{12}^d		a_{1n}^d	Y_1^d	E_1^d	X_1
	部门2	a_{21}^d	a_{22}^d		a_{2n}^d	Y_2^d	E_2^d	X_2
	…	…	…		…	…	…	…
	部门n	a_{n1}^d	a_{n2}^d		a_{nn}^d	Y_n^d	E_n^d	X_n

第三章 中国制造业参与产品内国际分工影响因素分析

续表

		中间使用				最终使用	出口	总产出
		部门1	部门2	…	部门n			
中间投入	部门1	a_{11}^m	a_{12}^m		a_{1n}^m	Y_1^m	E_1^m	M_1
	部门2	a_{21}^m	a_{22}^m	…	a_{2n}^m	Y_2^m	E_2^m	M_2
	…	…	…		…	…	…	…
	部门n	a_{n1}^m	a_{n2}^m		a_{nn}^m	Y_n^m	E_n^m	M_n
最初投入		V_1	V_2	…	V_n			
总投入		X_1	X_2	…	X_n			

（二）垂直专业化指标

Hummels 等（2001）构建垂直专业化指标 VS（Vertical Specialization，VS），即一个国家出口产品中包含的进口中间投入品的价值，用以衡量国际生产分工和垂直专业化发展趋势。Hummels 等（2001）利用包含有各产业进口投入、产出及出口的投入产出表计算出经合组织（OECD）中10个国家和爱尔兰、韩国以中国台湾的垂直专业化程度。在此基础上，国内众多学者对这一指标进行了估算，其中最具代表性的是北京大学中国经济研究中心课题组（2006）的研究，其具体计算方法如下：

$$VS_i = \left(\frac{M_i}{Y_i}\right) X_i \qquad (3-12)$$

其中，M_i 表示 i 产业进口的中间产品，Y_i 为 i 产业的总产出，X_i 为 i 产业的出口。

垂直专业化产品占总出口的比重为：

$$VSS = \frac{VS}{X} = \frac{\sum_i VS_i}{\sum_i X_i} = \frac{\sum_i (VS_i/X_i) X_i}{\sum_i X_i} = \sum_i \left[\left(\frac{X_i}{X}\right)\left(\frac{VS_i}{X_i}\right)\right] \quad (3-13)$$

将式（3-13）代入式（3-12），得：

$$VSS = \frac{\sum_i VS_i}{X} = \frac{1}{X}\sum_{i=1}^{n}\left(\frac{M_i}{Y_i}\right)X_i = \frac{1}{X}\sum_{i=1}^{n}\frac{X_i}{Y_i}\left(\sum_{j=1}^{n}M_{ji}\right)$$

$$= \frac{1}{X}\sum_{i=1}^{n}\sum_{j=1}^{n}\frac{X_i}{Y_i}M_{ji} = \frac{1}{X}\sum_{j=1}^{n}\sum_{i=1}^{n}\frac{X_i}{Y_i}M_{ij} \qquad (3-14)$$

令 $a_{ij} = \frac{M_{ij}}{Y_i}$，即生产一单位 j 部门产品需要从 i 部门进口 a_{ij} 单位的中间产品，写成矩阵形式为：

$$VSS = \frac{1}{X}(1, 1, \cdots, 1)\begin{Bmatrix} a_{11}, & a_{12}, & \cdots, & a_{1n} \\ \cdots, & \cdots, & \cdots, & \cdots \\ a_{n1}, & a_{n2}, & \cdots, & a_{nn} \end{Bmatrix}\begin{Bmatrix} X_1 \\ \cdots \\ X_n \end{Bmatrix}$$

$$= \frac{1}{X}\mu A^M X^V \qquad (3-15)$$

其中，$\mu = (1, 1, \cdots, 1)_{1\times n}$，$A^M = \{a_{ij}\}_{n\times n}$ 是各行业对进口中间产品依存系数矩阵，元素 a_{ij} 指 j 行业单位产出使用的来自 i 行业的进口中间投入，$X^V = (X_1, X_2, \cdots, X_n)'$，表示 n 维出口向量。

若考虑进口品在国内经济各个部门经过多次再加工的情况，则进口投入应该包括直接进口投入和间接进口投入两部分，运用完全消耗系数表示为：

$$VSS = \frac{1}{X}\mu A^M (I - A^D)^{-1} X^V \qquad (3-16)$$

其中，A^M 是进口中间投入品依存系数矩阵，A^D 是国内消耗系数矩阵。$(I - A^D)^{-1}$ 是里昂惕夫逆矩阵，反映进口中间投入品在国内各部门循环使用的效果。$A^M + A^D = A$，A 是直接消耗系数矩阵。

值得注意的是，M_{ij} 是 j 行业从 i 行业进口的中间产品，而通常的进口数据是一国对某种商品的总进口量，因而关于进口系数 A^M 矩阵的测算成为关键。北京大学中国经济研究中心课题组（2006）假设某部门的产品只有中间产品和最终产品；假设所有部门使用 i 部门的中间投入品中，进口投入品的比例在各部门间都相同。由此进口中间投入品与国内生产的比例等于最终产品中进口中间品与国内生产的比例。如果用 C_i^M 和 C_i^D 表示 i 行业最终产品中进口与国内生产的数量，用 I_i^M 和 I_i^D 表示 i 行业中间产品中进口与国内生产的数量，有：

$$\frac{C_i^M}{C_i^D} = \frac{I_i^M}{L_i^D} = \frac{C_i^M + I_i^M}{C_i^D + L_i^D} \qquad (3-17)$$

用 λ_i 表示生产 j 部门产品时，使用 i 部门的中间投入品中进口品的比例，则：

$$\lambda_i = \frac{I_i^M}{I_i^M + I_i^D} = \frac{C_i^M + I_i^M}{C_i^D + I_i^D + C_i^M + I_i^M} = \frac{M_i}{Y_i + M_i - E_i} \qquad (3-18)$$

其中，Y_i 为 i 行业的总产出①，M_i 为 i 行业的进口，E_i 为 i 行业的出口，λ_i 为 i 行业进口产品中中间品所占的比例，其值等于行业 i 的总进口除以行业 i 的总消费（产出加上进口减出口）。根据之前的假定，所有部门使用的 i 部门中间投入品中，进口投入品的比例都是相同的，因此得到列向量 $(\lambda_i)_{n \times 1}$ 之后，在 A 矩阵的每行都乘以相同的比例就得到了 A^M。

对垂直专业化的测度并没有止步，如何更精准地估算该指标，正确衡量一国参与国际产品内国际分工的程度成为学界研究热点。而中国又成为这一研究的典型，这主要是因为中国加工贸易占到全部贸易的 50% 以上，加工贸易盛行对衡量指标的准确性提出严峻考验。Dean，Fung 和 Wang（2008）认为加工贸易进口属于中间投入品，因而中国进口中间投入品与国内生产的比例应该是大于而不是等于最终产品中进口中间品与国内生产的比例。因此基于原指标的假设条件不成立。Koopman，Wang 和 Wei（2008）对投入产出表进行拆分，将中间投入分为国内中间投入和进口投入两类，中间使用分为国内及一

---

① 这里的"总产出"包括进口的中间产品，有重复计算，不是 GDP，数据来源于投入产出表。

般出口使用和加工出口使用两类,重新计算加工贸易盛行国家的垂直专业化分工程度。上述学者试图将加工贸易单列,以建立更适合中国特点的垂直专业化率测算指标,但是中国海关对加工贸易数据的统计只到章,每一章包含投入产出表中的几个行业,行业的归类存在较大的随意性,难以准确对应,使研究价值降低(赵明亮、臧旭恒,2011)。不仅如此,投入产出表5年编制一次,这同样会降低研究的准确性。为此,杨翠红等人联合海关总署、国家统计局等部门共同开展工作,调研中国进口产品使用去向,然而此数据尚未公开。基于上述考虑,本节仍采用北京大学中国经济研究中心课题组(2006)的研究方法对这一问题进行研究。

二、中国制造业各部门垂直专业化指标测算

(一)测算方法

本节在北京大学中国经济研究中心课题组(2006)研究的基础上,参照马红旗、陈仲常(2012)使用细分行业垂直专业化水平的方法计算我国制造业各行业垂直专业化水平,计算公式如下:

$$VS_i = \mu A^M (I - A^D)^{-1} \qquad (3-19)$$

其中,VS_i 表示行业 i 的垂直专业化水平指数,其他表述同前所述。

(二)部门选择与数据来源

参照中国投入产出表中的行业划分标准,将中国制造业划分为15个行业,分别赋予数字代码1~15(见表3-3);商品进出口贸易数据来源于联合国 COMTRADE 数据库 HS-02 年 6 位编码;中国投入产出表选用2002年、2005年和2007年,数据来源于历年统计局投入产出表。

第三章 中国制造业参与产品内国际分工影响因素分析

表3-3　　　　　行业划分标准与代码设置对照表

行业代码	行业名称
1	食品制造及烟草加工业
2	纺织业
3	纺织服装鞋帽皮革羽绒及其制品业
4	木材加工及家具制造业
5	造纸印刷及文教体育用品制造业
6	石油加工、炼焦及核燃料加工业
7	化学工业
8	非金属矿物制品业
9	金属冶炼及压延加工业
10	金属制品业
11	通用、专用设备制造业
12	交通运输设备制造业
13	电气机械及器材制造业
14	通信设备、计算机及其他电子设备制造业
15	仪器仪表及文化办公用机械制造业

（三）数据处理

目前我国逢2、7年份编制全国投入产出表，逢0、5年份编制投入产出延长表，因此，除2002年、2005年和2007年直接使用当年直接消耗系数矩阵A估算A^M和A^D外，其余年份采用替代方法，即用2002年的A矩阵来替代2003年和2004年，2005年代替2006年，2007年代替2008年、2009年和2010年[①]。

由于缺少各行业历年的总产出数据，如果采用投入产出表的数据代替其他年份的总产出数据，会导致进口比例偏大。为减少数据误差对计算结果的影响，唐玲（2009）假设各个行业的总产出按照国内生产总值的年增长率增长，因此缺失年份制造业各行业总产出数据可

---

① 替代年份较远容易产生较大误差，受数据所限，本节仅估算至2010年。

以通过第二产业的国内生产总值增长率进行计算。然而此方法假设制造业各行业年增长率相同,因此仍存在较大误差,本节采用已有年份的数据进行几何平均后,得到缺失年份的制造业各行业的平均增长率,进而推算总产出。

产品进出口数据来自联合国 COMTRADE 数据库。为避免数据统计加总带来的差异性损失,本节采用 HS-02 版六位码细分标准,具体到制造业,该分类标准下大概有 5000 种产品,本节受投入产出数据限制,截取 2002—2010 年作为样本区间,涉及进口、出口,总计 9 万条商品记录。为了将 9 万条产品数据对应到 15 个行业,首先要将产品数据通过 2007 年投入产出表中提供的《海关统计商品分类与投入产出部门分类对照表》[①] 将产品逐一根据不同的 HS 编码分别对应到该分类表中与之对应的投入产出代码,其次再将投入产品代码下的产品数据逐一对应到国民经济制造业各部门,形成制造业各产业出口和进口数据,进而计算产业层面的垂直专业化。

(四) 测算结果及分析

首先,根据前述计算公式,测算出我国制造业各部门垂直专业化指数(见表 3-4)。从表中可以看出,2005 年我国制造业各部门的垂直专业化水平高于 2002 年,表明在该时间段内我国制造业融入全球化的程度在不断加深,对外部生产环节或外来中间产品的依赖程度不断增加。具体而言,变化最明显的行业是石油加工、炼焦及核燃料加工业和造纸印刷及文教体育用品制造业,增幅分别为 87.7% 和 48.1%,表明以上两个行业 2002—2005 年对外部生产环节的依赖程度明显增强;变化最小的是纺织业和纺织服装鞋帽皮革羽绒及其制品,增幅分别仅为 1.7% 和 1.3%,表明上述两个行业 2002—2005 年对外部生产环节的依赖程度没有发生明显变化。

---

① 该对照表有 7000 多条记录,在此不再逐一列出。

表 3-4 2002—2010 年我国制造业各部门垂直专业化指数

制造业细分行业	2002	2005	2007	2010
食品制造及烟草加工业	0.0802	0.1083	0.0991	0.0915
纺织业	0.2282	0.2323	0.1504	0.1493
纺织服装鞋帽皮革羽绒及其制品业	0.1952	0.1977	0.146	0.1562
木材加工及家具制造业	0.1281	0.173	0.1258	0.1299
造纸印刷及文教体育用品制造业	0.1463	0.2166	0.1683	0.1947
石油加工、炼焦及核燃料加工业	0.1565	0.2937	0.1983	0.1968
化学工业	0.2196	0.2902	0.2536	0.2586
非金属矿物制品业	0.1106	0.1567	0.1186	0.1295
金属冶炼及压延加工业	0.1786	0.2386	0.2131	0.2429
金属制品业	0.1873	0.244	0.1773	0.1679
通用、专用设备制造业	0.266	0.3062	0.2792	0.3162
交通运输设备制造业	0.2044	0.2526	0.245	0.2780
电气机械及器材制造业	0.3032	0.331	0.2938	0.3223
通信设备、计算机及其他电子设备制造业	0.3913	0.5166	0.4738	0.5969
仪器仪表及文化办公用机械制造业	0.384	0.416	0.3442	0.6319

资料来源：根据 2002—2007 年《中国投入产出表》计算结果绘制。

其次，2007 年较之 2005 年各部门的垂直专业化率均有所回落。表明较之 2005 年而言，2007 年中国制造业各部门出口产品中国外价值含量有所下降，中国制造业各行业对外来中间投入品的依赖程度有所下降。这种情况的出现，一方面可能是由于中国制造业生产能力和技术水平有所提升，能够自主生产部分进口中间产品以替代进口产品；另一方面也可能是由于 2007 年次贷危机的爆发，导致全球市场萎缩，这次危机对发达国家尤其是美国的冲击更为直接，而美国又是我国最主要的贸易伙伴之一。美国作为发达国家，中国从美国进口的中间产品也往往是中国不具备生产能力的产品，美国经济衰退、需求减少，直接导致中国从美国进口中间产品的减少，因此次贷危机通过全球价值链传导至中国，直接体现为中国出口产品中国外含量的下降，即垂直专业化指数的下降。

最后，2010年除食品制造及烟草加工业，金属制品业，石油加工、炼焦及核燃料加工业和纺织业垂直专业化率水平进一步下降外，其余各行业较之2007年水平均有所上升，但大多数行业仍低于2005年的水平。

我国是发展中国家，行业发展之初缺乏必要的资金和技术支持，因此各行业参与全球分工的程度以及对外部生产环节的依赖程度，与行业属于哪种要素密集类型有很大关系。为进一步分析2002—2010年不同要素密集度行业的垂直专业化指标变动情况，分析出口产品国外含量的行业分布情况和分布特点，本节参照谢建国（2003）对行业要素密集度的分类，并结合世界银行的划分标准，将各个行业按照产业要素密集度进行分类（见表3-5）。

表3-5　2002—2010年各要素密集型行业出口垂直专业化水平

行业分类	所包含的行业类别	差值	增/减幅（%）
劳动密集型	食品制造及烟草加工业	0.0113	14.0898
	纺织业	-0.0789	-34.5749
	纺织服装鞋帽皮革羽绒及其制品业	-0.039	-19.9795
资本密集型	木材加工及家具制造业	0.0018	1.4052
	造纸印刷及文教体育用品制造业	0.0484	33.0827
	非金属矿物制品业	0.0189	17.0886
	金属冶炼及压延加工业	0.0643	36.0022
	金属制品业	-0.0194	-10.3577
资本技术密集型	石油加工、炼焦及核燃料加工业	0.0403	25.7508
	化学工业	0.039	17.7596
	通用、专用设备制造业	0.0502	18.8722
	交通运输设备制造业	0.0736	36.0078
	电气机械及器材制造业	0.0191	6.2995
	通信设备、计算机及其他电子设备制造业	0.2056	52.5428
	仪器仪表及文化办公用机械制造业	0.2479	64.5573

注：差值指2010年与2002年垂直专业化指标之差。增/减幅指2010年较2002年的增幅或减幅。

资料来源：根据谢建国（2003）对行业的技术分类和本书计算结果整理。

结合表3-4和表3-5分析可知，我国目前制造业各部门的垂直专业化程度与要素密集度关系密切，大体上呈现出劳动密集型行业垂直专业化程度相对较低，表明其参与全球化分割生产的程度较弱，对外部生产环节的依赖性较小；资本密集型行业垂直专业化程度较高，参与全球化分割生产的程度较强，对外部生产环节的依赖性较大；资本技术密集型行业垂直专业化程度最高，参与全球化分割生产的程度最强，对外部生产环节的依赖性也最大。纺织业和纺织服装鞋帽皮革羽绒及其制品业指数出现下降态势表明这两个行业的外部依赖性降低，产业价值链延长，根据微笑曲线理论，产业增加值提高，在一定程度上实现了产业升级。2002—2010年垂直专业化程度增幅最大的三个行业均属于资本技术密集型行业，分别是仪器仪表及文化办公用机械制造业，通信设备、计算机及其他电子设备制造业和交通运输设备制造业，这表明我国高技术产业的技术含量存在虚高现象，缺少核心技术自主知识产权，对进口中间产品的依赖性过高，且有进一步加强的趋势。这也意味着中国从事的加工组装环节获利甚微，行业缺乏核心技术，国际市场竞争能力弱，容易受到外部冲击，在过去10年中并未实现产业升级。

三、中国对主要贸易伙伴垂直专业化指标测算

中国对主要贸易伙伴的垂直专业化表现有所不同。为进一步分析中国同主要贸易伙伴的中间产品贸易情况，测算中国出口中来自各贸易伙伴的中间品价值的比重，分析中国中间产品贸易对不同国家和地区的依赖程度价值链效应，本节采用 Hummels 等（2007）对垂直专业化比率的计算方法，并借鉴北京大学中国经济研究中心课题组（2006）的研究方法，测算中国2002—2010年对世界出口所对应的美国、日本和韩国垂直专业化指数。

（一）数据处理

行业进出口数据来自联合国 COMTRADE 数据库，采用中国对世

界、对各样本国或地区 HS6 位编码数据,并按照投入产出表中对行业的划分标准将其逐一对应到制造业各部门,形成中国对世界和样本国(地区)的进、出口行业数据;对于投入产出表数据缺失的处理参照北京大学中国经济研究中心课题组的研究做法,采用替代的方法,即用 2002 年的 A^M 代替 2003 年、2004 年,用 2005 年代替 2006 年,2007 年代替 2008—2010 年;根据式(3-18)计算生产 j 部门产品时所使用 i 部门的中间投入品中进口品的比例 λ_i,进而求得总进口的 A^M 和 A^D;计算各行业的进口中各样本国(地区)所占的比例,进而求出各样本国(地区)所对应的 A^M_j 矩阵;根据式(3-19)计算得到中国对样本国家(地区)的垂直专业化率指标。

(二)测算结果及分析

2002—2010 年中国出口贸易中来自国外中间产品的比率总体上升,但高点出现在次贷危机爆发前,次贷危机爆发后,垂直专业化比率总体有所下降。2002—2010 年,中国垂直专业化率提高 5.7 个百分点,其中,日本占 1.05 个百分点,韩国占 0.57 个百分点。中国出口贸易加工贸易性质明显,对国外中间产品需求的增加有近 30% 来自日本和韩国,表明中国垂直专门化程度的提高主要原因是来自日本、韩国向中国提供的中间品的增加,中国中间产品贸易进口有明显的区域特征。同期,对美国的垂直专业化比率仅提高 0.3 个百分点,说明我国在全球产品内国际分工网络中更多地表现为在东亚区域生产网络中的国际分工(见表 3-6)。

表 3-6   2002—2010 年中国与美、日、韩垂直专业化率

年份	总和	日本	韩国	美国
2002	0.3213	0.0532	0.0361	0.0218
2003	0.4296	0.0750	0.0473	0.0263
2004	0.4354	0.0832	0.0517	0.0304
2005	0.3693	0.0628	0.0425	0.0225

续表

年份	总和	日本	韩国	美国
2006	0.4295	0.0724	0.0490	0.0272
2007	0.3486	0.0606	0.0363	0.0237
2008	0.3623	0.0651	0.0350	0.0253
2009	0.3049	0.0520	0.0327	0.0207
2010	0.3784	0.0638	0.0418	0.0254

资料来源：作者计算所得。

第二节　中国参与产品内国际分工的主要决定因素
——基于扩展引力模型的分析

在产品内国际分工模式下，产品的生产被分割为众多生产环节，呈链状分散在全球各地，产品的生产不再由一国完成，不同国家（地区）从事商品特定环节的生产，成为全球价值链上的一环。产品的这种垂直专业化生产推动了全球贸易量急剧增加。20世纪70年代末，中国实行改革开放政策，在人口红利等要素资源优势和政策等优势下，跨国公司纷纷来华投资或将其生产环节进行外包，到90年代，中国已经成为全球尤其是东亚产品内国际分工价值链体系上的重要一环，垂直专业化程度从1992年的14.2%增加到了2002年的21%，增长47.9%[①]。参与全球垂直一体化生产有利于发展中国家充分发挥比较优势，实现资源高效配置，更重要的是，参与产品内国际分工的垂直一体化生产所带来技术溢出效应是发展中国家实现技术进步和产业升级的重要通道。

近年来，关于全球价值链和垂直专业化的研究受到国内外众多学

---

① 北京大学中国经济研究中心课题组．中国出口贸易中的垂直专门化与中美贸易[J]．世界经济，2006（5）3-11．

者的广泛关注,其中垂直专业化的测度和影响因素成为研究热点。本节拟在对中国制造业垂直专业化进行测度和分析的基础上,运用基于面板数据的扩展引力模型,就中国制造业垂直专业化影响因素展开实证研究,以便为相关政府部门制订贸易政策和产业政策提供依据。

一、模型设定

(一) 引力模型

国际贸易研究中的引力模型来源于牛顿的万有引力定律,即两个物体间的引力与两者的质量成正比,与距离成反比,计算公式如下:

$$F_{ij} = k \cdot \frac{M_i \cdot M_j}{(D_{ij})^2} \qquad (3-20)$$

其中,F_{ij} 表示物体 i 和物体 j 之间的引力,M_i 和 M_j 分别是物体 i 和物体 j 的质量,D_{ij} 表示两者之间的距离,k 为常数。

Tinbergen(1962)率先将牛顿引力定律引入经济学,并对国际贸易的影响因素进行了研究,研究结果显示,国际贸易与两国的经济规模成正比,与两国的距离成反比。后来的学者大多通过加入新的解释变量对贸易引力模型进行拓展:如人口(Linnemann,1966)、人均收入(Leamer,1974)、语言和文化(Bergstrand,1989)。贸易引力模型逐渐成为进行贸易实证研究的重要工具。

(二) 模型构建

本节在第一章对产品内国际分工决定因素分析和传统引力模型的基础上,采用面板贸易引力模型,对产品内国际分工的影响因素进行分析,进一步探讨比较优势、规模经济、贸易成本以及文化等因素对产品内国际分工的影响程度,为我国进一步高效参与产品内国际分工,突破价值链锁定,实现产业升级提供理论依据。本节在借鉴国外各种理论分析和经验研究的基础上,根据实际研究情况,建立如下扩

第三章 中国制造业参与产品内国际分工影响因素分析

展引力模型：

$$\ln VSS_{jt} = \beta_0 + \beta_1 \cdot \ln\left|\Delta\left(\frac{K_{jt}}{L_{jt}}\right)\right| + \beta_2 \cdot \ln|\Delta PCGDP_{jt}| + \beta_3 \cdot \ln IVA_{jt} + \beta_4 \cdot \ln BTC_{jt}$$
$$+ \beta_5 \cdot \ln FDI_{jt} + \beta_6 \cdot \ln DST_{jt} + \beta_7 \cdot EAST_{jt} + \varepsilon_{jt} \qquad (3-21)$$

其中，j 代表中国制造业出口市场国家或地区，t 代表时间；VSS_{jt} 表示中国在 t 时期对 j 国或地区的垂直专业化率，K_{jt} 表示 j 国或地区在 t 时期的资本存量，L_{jt} 表示 j 国或地区在 t 时期的人口总量，$\left(\frac{K_{jt}}{L_{jt}}\right)$ 表示 j 国或地区在 t 时期的人均资本存量，$\left|\Delta\left(\frac{K_{jt}}{L_{jt}}\right)\right|$ 表示 j 国或地区在 t 时期的人均资本存量与中国人均资本存量之差，$|\Delta PCGDP_{jt}|$ 表示 j 国或地区在 t 时期与中国的人均 GDP 之差的绝对值，IVA_{jt} 表示 j 国或地区在 t 时期的工业增加值，BTC_{jt} 表示 j 国或地区在 t 时期与中国的双边贸易成本指数，FDI_{jt} 表示 j 国或地区在 t 时期对中国的外商直接投资，DST_{jt} 表示 j 国或地区与中国的地理距离，$EAST_{jt}$ 表示 j 国或地区是否是东亚或东南亚国家；$\beta_0 \sim \beta_7$ 表示待估系数；ε_{jt} 是方程的随机扰动项。

（三）变量的解释与说明

被解释变量 VSS_{jt} 是中国与 15 个样本国（地区）[1] 的双边垂直专业化率指数，反映双边产品内国际分工强度。指标具体测算分三步进行：第一步，将中国与样本国家和地区双边 HS6 位编码产品进、出口贸易数据根据 HS 编码与投入产出编码对应规则将产品数据逐一对应到制造业各部门，形成中国对样本国（地区）的进、出口细分行业数据。2002—2010 年，中国对 15 个样本国家（地区）的进、出口

---

[1] 15 个样本国（地区）及代码分别为：澳大利亚（AUS）、巴西（BRA）、加拿大（CAN）、中国香港（HKG）、法国（FRA）、德国（DEU）、意大利（ITA）、日本（JPN）、马来西亚（MYS）、新西兰（NZL）、韩国（KOR）、新加坡（SGP）、泰国（THA）、英国（GBR）、美国（USA）。

产品记录平均每年有11万多条,9年样本期大约有100万条记录。第二步,结合本章第二节根据上述对应方法计算中国对世界的行业进、出口数据以及投入产出表,计算生产j部门产品时所使用i部门的中间投入品中进口品的比例λ_i,进而求得总进口的A^M和A^D。由于受投入产出表编制年份限制而无法计算其他年份的A^M矩阵,参照北京大学中国经济研究中心课题组的研究做法,采用替代的方法,即用2002年的A^M代替2003年、2004年,用2005年代替2006年,2007年代替2008—2010年。2002—2010年,中国对世界的进、出口产品条目平均每年约有1万条,9年共计9万条。第三步,参照北京大学中国经济研究中心课题组(2006)的研究做法,计算各行业的进口中各样本国(地区)所占的比例,进而求出各进口国(地区)所对应的A_j^M矩阵。通过以上三个环节的计算得到中国对15个样本国家(地区)的垂直专业化率指标[①]。

一国(地区)的资本存量K_{jt}和总人口L_{jt}能够代表该国(地区)的比较优势因素,因此解释变量两国或地区的人均资本存量$\left|\Delta\left(\dfrac{K_{jt}}{L_{jt}}\right)\right|$能够反映两个国家或地区的要素禀赋差异。根据理论分析知道,赫克歇尔—俄林(H-O)理论认为要素禀赋差异是产品内国际分工的重要因素,但是如果两个国家或地区的要素禀赋差异过大导致投资过低、技术落后、人力资本欠缺、基础设施薄弱等因素反而会阻碍产品内国际分工的发展(Grossman and Helpman,2005)。

关于各国(地区)资本存量K_{jt}的计算有多种方法,本节采用永续盘存法进行估算。这一方法最早由Goldsmith(1951)在估计美国年度资本存量时使用。其后很多学者都采用该方法对资本存量进行估算,国内进行该项研究的代表性学者有邹至庄(1993)、单豪杰(2008)等人。永续盘存法将投入使用的具有不同役龄并且因役龄增长或技术进步而发生效率损失的不同年份资产流量进行调整并累积加

---

① 具体计算公式参照本章第一节内容。

总，从而得到一定时期资本存量的资产计量方法。各期资本存量的基本估计公式可以表达为：

$$K_t = (1-\delta)K_{t-1} + I_t \qquad (3-22)$$

在式（3-22）中主要涉及四个变量：（1）基期资本存量 K_0；（2）每年投资额 I_t；（3）投资品价格指数，以便折算到不变价格；（4）效率模式的假设以及经济折旧率 δ。其中基期资本存量的计算参考 Hall（1999）的估算方法[①]：

$$K_0 = I_0/(g+\delta) \qquad (3-23)$$

其中，K_0 为基期资本存量，I_0 为基期投资流量，g 为各期投资流量增长率的几何平均数，δ 为折旧率。运用永续盘存法估算资本存量，基年选择越早，基年资本存量估计的误差对后续年份的影响就会越小（单豪杰，2008）。限于数据可获得性，本节的研究基期定于1976 年。估算期初资本存量后再按照永续盘存法推出各期的资本存量值。对于折旧率的计算，本节借鉴 Hall（1999）的方法取值 6%。按照该方法计算的资本存量的值可能会出现负数，可以将负数值剔除掉。在此基础上，将资本存量与人口数相除得到各国人均资本存量。

$|\Delta PCGDP_{jt}|$ 代表国家和地区之间的技术差距和市场购买力之间的差异，按照传统的比较优势理论，此差异会促进产业间的双边贸易，但是对产品内国际分工的效应则不确定（Egger，2005）。其计算方法是将各国（地区）的不变价人均 GDP 与中国不变价 GDP 相减后取绝对值。

IVA_{jt} 代表样本国家和地区的制造业发展规模和水平。规模经济能够有效促进产品内国际分工的发展。当样本国家和地区的制造业达到一定规模和水平后，才有可能将不同要素密集度、不同最佳规模的生产环节加以分割，在全球布局其生产，以提高资源配置效率。同时

[①] Hall 和 Jones（1999）在估计各国 1960 年的资本存量时，采用 1960 年的投资比 1960—1970 年各国投资的平均增长率与折旧率之和。

也能够促使该国跨国企业专注于增加值较高的设计、研发等环节，实现利润最大化。

BTC_{jt}反映中国与样本国家和地区双边贸易成本。本节借鉴 Novy (2006) 对该指标的计算方法，具体公式为：

$$BTC_{jt} = 1 - \left[\frac{EX_{ejt} \cdot EXj_{jet}}{s^2 \cdot (GDP_{et} - EX_{et}) \cdot (GDP_{jt} - EX_{jt})} \right]^{\frac{1}{2\rho - 2}} \quad (3-24)$$

其中，BTC_{jt}代表中国与 j 国（地区）之间的双边贸易成本，EX_{ejt}和EX_{jet}分别是中国向 j 国（地区）与 j 国（地区）向中国的实际总出口额，GDP_{et}和GDP_{jt}分别是中国和 j 国（地区）的实际总产出，s 是一国（地区）全部产出中可贸易产品的份额，$\rho > 1$ 是替代弹性。依据已有文献设定：在测算中国与发达经济体[①]双边贸易成本时，s = 0.8；在计算中国与新兴和发展中经济体双边贸易成本时，s = 0.6；$\rho = 8$。

FDI_{jt}反映的是样本国家（地区）在中国进行直接投资的情况，跨国公司进行 FDI 的动机是获取最大化的利润，它们往往是看中东道国当地的廉价劳动力等资源。跨国公司的进驻意味着将部分生产环节转移至东道国进行，这必然推动东道国产品内国际分工的发展。中国加工贸易盛行，该贸易方式也是中国参与产品内国际分工的重要形式，而外商直接投资是中国加工贸易飞速发展的根源所在。这与中国在 20 世纪 90 年代大力吸引外资有关。

DST_{jt}代表两国（地区）贸易中运输成本的高低。根据贸易引力模型，两国（地区）距离与贸易成反比。实际上，距离不仅增加了贸易过程中的运输成本，而且距离较远的国家或地区往往也有着较大的文化差异，这些都成为阻碍产品内贸易发展的因素。本节采用中国上海到其他各国（地区）政治或经济中心的球面距离。

$EAST_{jt}$反映东亚及东南亚国家（地区）是否与中国有更高的垂直

---

① 参照国际货币基金组织在世界经济展望报告中对发达经济体的范围界定。

化专业生产程度，如果是东亚或东南亚国家（地区），取值1，否则去值0。

通过以上分析，我们预测各解释变量的回归系数如表3-7所示。

表3-7　　　　　　　解释变量回归系数的预期符号

解释变量	$\left|\Delta\left(\dfrac{K_{jt}}{L_{jt}}\right)\right|$	$|\Delta PCGDP_{jt}|$	IVA_{jt}	BTC_{jt}	FDI_{jt}	DST_{jt}	$EAST_{jt}$
预期符号	±	±	+	−	+	−	+

资料来源：作者整理。

（四）数据来源

各国或地区所有产品贸易数据均来自联合国COMTRADE数据库；投入产出表来自中国投入产出协会官网（http://www.iochina.org.cn/）；各国或地区总产出数据来自IMF WEO数据库；中国与各国或地区的距离数据来自网站（www.indo.com）；各样本国家（地区）对中国的外商直接投资数据来自《中国经济数据库》（CEIC）；其他数据均来自世界银行WDI数据库。

二、数据描述与模型检验

（一）数据描述

2010年中国对15个样本国（地区）制造业各部门的出口占中国制造业各部门全部出口总额的50%以上。因此，中国对上述样本国家（地区）的垂直专业化率水平具有一定的代表性，基本上能够反映中国当前垂直专业化水平的全貌。本节具体采用的变量及其描述性统计量见表3-8。

表 3-8　　　　　主要变量及其描述性统计量

	标记符号		均值	标准差	最小值	最大值	观测量
垂直专业化率	lnVSS	全样本	-2.503	1.141	-4.739	-0.071	N=135
		组间		1.146	-4.511	-0.423	n=15
		组内		0.258	-3.412	-1.778	T=9
双边贸易成本	lnBTC	全样本	-0.938	0.297	-1.679	-0.588	N=135
		组间		0.302	-1.579	-0.616	n=15
		组内		0.052	-1.122	-0.781	T=9
两国地理距离	lnDST	全样本	8.594	0.882	6.771	9.798	N=135
		组间		0.91	6.771	9.798	n=15
		组内		0	8.594	8.594	T=9
外商直接投资	lnFDI	全样本	20.455	1.723	16.547	24.828	N=135
		组间		1.747	17.295	24.009	n=15
		组内		0.315	19.639	21.273	T=9
工业增加值	lnIVA	全样本	26.058	1.404	23.384	28.621	N=135
		组间		1.446	23.461	28.554	n=15
		组内		0.083	25.81	26.367	T=9
人均GDP差值	$\ln\Delta PCGDP$	全样本	9.751	1.164	5.686	10.674	N=135
		组间		1.193	6.548	10.638	n=15
		组内		0.129	8.889	10.139	T=9
人均资本存量差值	$Ln\Delta K/L$	全样本	10.881	0.812	9.056	11.698	N=135
		组间		0.835	9.136	11.676	n=15
		组内		0.063	10.718	11.042	T=9

注：以上美元值数据均为 2005 年不变价数据。
资料来源：作者计算所得。

（二）单位根检验

为了防止由于变量的非平稳性导致"伪回归"问题，首先对各变量进行平稳性检验。由于面板数据单位根检验目前尚未达成一致，为了保证结论的稳健性和可靠性，本节利用 Maddala 和 Wu（1999）的 PP 检验方法，Levin、Lin 和 Chu（2002）及 Im、Pesaran 和 Shin

(2003) 方法对取对数的垂直专业化率（lnVSS）、对数双边贸易成本（lnBTC）、对数两国地理距离（lnDST）、对数外商直接投资（lnFDI）、对数工业增加值（lnIVA）、对数人均 GDP 差值（ln∆PCGDP）、对数人均资本存量差值（ln∆（K/L））的平稳性进行检验。结果（见表 3-9）表明，ln∆PCGDP 和 ln∆（K/L）无法通过平稳性检验，但其一阶差分表现平稳，因此各回归变量均为一阶单整序列。

表 3-9　　　　　各变量面板单位根检验

变量	LLC	IPS	PP-Fisher
lnVSS	-8.3217*** (0.0000)	-3.8776*** (0.001)	152.9188*** (0.000)
ΔlnVSS	-36.9903*** (0.0000)	-15.9522*** (0.0000)	320.7775*** (0.0000)
lnBTC	-7.4390*** (0.0000)	-3.2583*** (0.0006)	69.9993*** (0.0000)
ΔlnBTC	-43.3479*** (0.0000)	-8.3567*** (0.0000)	136.8790*** (0.0000)
lnFDI	-3.064*** (0.0011)	-0.4316 (0.3330)	48.1541 (0.0191)
ΔlnFDI	-11.0199*** (0.0000)	-4.7660*** (0.0000)	169.7374*** (0.0000)
lnIVA	-3.9701*** (0.0000)	-1.9875** (0.0234)	57.9070*** (0.0016)
ΔlnIVA	-9.4171*** (0.0000)	-3.3258*** (0.0000)	92.0742*** (0.0000)
lnΔPCGDP	-0.0921 (0.4633)	-1.5690 (0.0179)	42.0602** (0.0201)
ΔlnΔPCGDP	-3.4466*** (0.0003)	-3.3168*** (0.0000)	63.8560*** (0.0011)

续表

变量	LLC	IPS	PP - Fisher
ln∆（K/L）	-1.6859*** (0.0079)	-0.2041 (0.6819)	27.3345 (0.6051)
∆ln∆（K/L）	-6.5314*** (0.0000)	-3.7484*** (0.0000)	96.6820*** (0.0006)

注：∆ 表示一阶差分，括号内为 P 值，***、**、* 分别表示在 1%、5%、10% 的显著性水平上拒绝存在面板单位根的原假设。

其次，进行面板协整关系检验以明确各变量之间是否存在长期稳定的关系，检验拒绝了不存在协整关系的原假设（见表3－10），表明变量之间存在长期稳定的均衡关系。

表 3-10　　　　　　　　面板协整检验结果

统计量	Gt	Ga	Pt	Pa
lnFDI	-2.312*** (0.000)	-3.312 (0.662)	-3.761* (0.063)	-1.605* (0.019)
ln∆PCGDP	-2.314*** (0.000)	-4.970 (0.160)	-8.045*** (0.000)	-4.106*** (0.000)
ln∆（K/L）	-2.206*** (0.000)	-3.827 (0.323)	-3.540* (0.090)	-0.774 (0.000)

注：括号内为 P 值，***、**、* 分别表示在 1%、5%、10% 的显著性水平上拒绝存在协整关系的原假设。

三、实证结果分析

（一）估计结果

对 15 个样本国（地区）2002—2010 年垂直专业化率各影响因素建立面板回归模型，固定效应、随机效应以及广义最小二乘三个回归结果如表 3－11 所示。

第三章　中国制造业参与产品内国际分工影响因素分析

表 3-11　中国制造业垂直专业化面板模型回归结果

Y	lnVSS	lnVSS	lnVSS
X	（固定效应）	（随机效应）	（广义最小二乘）
$\ln\Delta$（K/L）	-0.164 （-0.44）	0.678** （2.46）	1.084*** （6.65）
$\ln\Delta$PCGDP	-0.496 （-1.55）	-0.748*** （-2.73）	-1.129*** （-6.96）
lnIVA	-0.151 （-0.40）	0.517*** （7.07）	0.553*** （17.61）
lnBTC	-0.479 （-0.84）	-0.395 （-0.98）	-1.543*** （-4.95）
lnFDI	-0.0630 （-0.76）	0.0713 （0.99）	0.0768 （1.51）
lnDST	— （—）	-0.470 （-1.61）	-0.476*** （-3.75）
EAST	— （—）	0.702 （1.15）	0.0572 （0.20）
_cons	8.871 （0.81）	-13.99*** （-3.58）	-16.42*** （-10.88）
N	135	135	135

注：括号上面的数字表示回归系数，括号内的数字表示 t 统计量，***、**、* 分别表示在 1%、5%、10% 的显著性水平。

表 3-11 显示了固定效应、随机效应和广义最小二乘法三种不同形式的面板回归模型。从回归结果显著性与否看，所有变量在固定效应模型下均不显著；人均资本存量差值（$\ln\Delta$（K/L））、人均 GDP 差值（$\ln\Delta$PCGDP）以及工业增加值（lnIVA）在随机效应和广义最小二乘估计中均表现显著；变量外商直接投资（lnFDI）和虚拟变量是否是东亚或东南亚国家（地区）（EAST）在所有模型中均表现不显著；双边贸易成本（lnBTC）和两国（地区）地理距离（lnDST）仅在广义最小二乘估计中表现显著。从各解释变量的正负效应来看，人

均资本存量差值（ln∆（K/L））、工业增加值（lnIVA）、外商直接投资（lnFDI）和虚拟变量（EAST）为正效应，即能够促进垂直专业化的发展；人均GDP差值（ln∆PCGDP）、双边贸易成本（lnBTC）和两国（地区）地理距离（lnDST）表现为负，即阻碍垂直专业化的发展。这与预测结果一致，符合相关经济理论。

具体采用哪一种模型更为合适，需要对这三种模型形式进行检验。首先，根据 Hausman 检验判断建立固定效应模型还是随机效应回归模型，Hausman 检验结果如下：

$$\text{Test: Ho: difference in coefficients not systematic}$$
$$\text{chi2}(6) = (b-B)'[(V\_b - V\_B)\^(-1)](b-B)$$
$$= 29.60$$
$$\text{Prob} > \text{chi2} = 0.0000$$

由此可见，Hausman 检验结果拒绝了原假设，即个体效应与回归变量相关，因此应采用个体固定效应回归模型。但是在采用固体效应模型进行回归时会造成距离变量（lnDST）和虚拟变量（EAST）的回归结果缺失，而且，考虑到本节面板数据的横截面数据为15的样本国（地区），各国（地区）的差异性导致模型存在异方差，检验结果如下：

$$H0: \text{sigma}(i)\^2 = \text{sigma}\^2 \text{ for all } i$$
$$\text{chi2}(15) = 162.51$$
$$\text{Prob} > \text{chi2} = 0.0000$$

异方差检验同样拒绝了原假设，即存在异方差，而广义最小二乘估计（GLS）可以对异方差进行修正，因此本节选用广义最小二乘估计（GLS）对模型进行估计。

为了进一步说明要素禀赋差异以及交易成本等因素对产品内国际分工的解释力，下面对各影响因素对被解释变量进行逐项回归，结果见表3-12。

表 3-12　　各影响因素逐项回归结果

Y	lnVSS	lnVSS	lnVSS	lnVSS	lnVSS	lnVSS
X	I	II	III	IV	V	VI
lnΔ (K/L)	2.708*** (-8.28)	2.575*** (-8.52)	1.431*** (-7.75)	1.626*** (-10.08)	1.089*** (-6.74)	1.191*** (-7.06)
lnΔPCGDP	-2.445*** (-8.04)	-2.431*** (-8.68)	-1.839*** (-11.28)	-1.798*** (-12.81)	-1.137*** (-7.24)	-1.223*** (-7.26)
lnIVA		0.274*** (-4.93)	0.359*** (-11.23)	0.484*** (-14.71)	0.554*** (-18.21)	0.506*** (-16.71)
lnFDI			0.522*** (-16.83)	0.269*** (-5.92)	0.0742 (-1.51)	0.181*** (4.07)
lnBTC				-1.639*** (-6.90)	-1.589*** (-7.70)	-0.851*** (-3.23)
lnDST					-0.496*** (-6.66)	
EAST						0.935*** (5.24)
_cons	-7.573*** (-8.38)	-13.43*** (-9.26)	-19.90*** (-21.88)	-21.99*** (-26.22)	-16.23*** (-14.36)	-21.37*** (-27.64)
N	135	135	135	135	135	135

注：括号上面的数字表示回归系数，括号内的数字表示 t 统计量，***、**、* 分别表示在 1%、5%、10% 的显著性水平。

表 3-12 显示了各种影响因素对垂直专业化的逐项回归结果，分别用 I～VI 表示。模型 I 显示垂直专业化对两个比较优势因素，人均资本存量差额（lnΔ (K/L)）和人均 GDP 差额（lnΔPCGDP）的回归结果，估计结果显示人均资本存量差额对垂直专业化有显著的正效应，表明资本要素禀赋的差异促进了产品内国际分工的发展，这与 H-O 理论相符；人均 GDP 差额对垂直专业化影响显著，但系数为负，表明由人均 GDP 所反映的中国与他国（地区）之间的技术差距和市场购买力差异不利于产品内国际分工的发展。模型 II 中加入了规

模经济的代理指标，贸易伙伴的工业增加值（lnIVA）反映了该国（地区）制造业发展水平和规模，该解释变量系数显著为正，表明贸易伙伴的工业发展对中国产品内国际分工的发展有显著的促进效应。模型Ⅲ加入了经济外向度以及政策因素，用外商直接投资（lnFDI）表示，系数显著为正。外商直接投资直接导致中间投入品进口增加，同时间接产生技术外溢效应，有利于中国产品内国际分工的发展。模型Ⅳ加入了贸易成本指数（lnBTC），成本增加会阻碍产品内国际分工的发展，不利于垂直专业化生产的进行，该系数显著为负，与预期一致。至此，在所有模型中，系数均表现显著，且新加入变量没有改变其他变量的影响方向和显著性。在模型Ⅴ中加入距离变量（lnDST），系数显著为负，表明两国地理距离越大，贸易成本与文化差异越大，不利于产品内国际分工的发展。与此同时，外商直接投资（lnFDI）系数不再显著。最后一个模型剔除距离变量，加入是否是东亚或者东南亚国家（地区）的虚拟变量，系数转而显著，表明东亚生产网络确实对中国产品内国际分工有更强的影响。这可能是由于距离变量与外商直接投资的相关系数（ -0.6114）、距离变量与虚拟变量的相关系数（ -0.8923）显著负相关有关。

（二）结果分析

由表 3 - 11 和表 3 - 12 的估计结果，我们可以得到：

从人均资本存量差值（$ln\Delta(K/L)$）回归结果来看，中国相对贸易伙伴的人均物质资本存量差距越大，中国对贸易伙伴的产品内国际分工就越强，中国对贸易伙伴的进口中间产品的依赖程度就越强，这表明中国仍然处于全球价值链的低端环节，仍然不具备相关中间产品的生产能力，对核心零部件的高度依赖导致中国被锁定在价值链低端环节，从事简单加工生产，赚取微薄的加工组装费，不利于产业长远健康发展。

人均 GDP 差值（$ln\Delta PCGDP$）反映的是两国的技术禀赋和购买力

水平的差异,该系数显著为负,表明过于悬殊的技术差距和经济购买力不利于产品内国际分工的发展,同时也表明,中国尚不具备科技含量更为高端的产品生产能力,因此,随着技术差距的扩大,会造成中国进口该高端中间产品的下降,形成高新技术产品生产的真空环节。

工业增加值(lnIVA)系数显著为正,表明规模经济确实可以促进产品内国际分工的发展。产品内国际分工的发展使产品生产过程环节化、工序化,从而使具有不同规模经济的生产环节有可能实现其各自的规模经济,因此中国在参与产品内国际分工的过程中,除需要努力实现链的攀升外,也需要在产品生产的特定环节和工序努力实现规模经济;同时规模扩大、实力增强有助于中国突破价值链低端锁定,建立新的国内甚至全球价值链。

外商直接投资(lnFDI)的回归结果与经济理论和预期保持一致,表明由跨国公司主导的产品内国际分工,对外直接投资是重要形式。尤其是在中国政府大力吸引外资的政策背景下,由外商投资企业主导的加工贸易极大地推动了中国中间产品的进出口贸易,对中国的垂直专业化生产起到显著的推动作用。

双边贸易成本(lnBTC)对产品内国际分工产生了显著的负效应,因此通过降低物流成本、管理成本、关税等贸易壁垒能够有效地促进产品内国际分工的发展。虚拟变量(EAST)在剔除与之高度负相关的距离变量后,回归结果显著,表明东亚或东南亚生产网络确实是中国参与全球价值链垂直专业化生产的重要节点,这不仅与由于中国人口红利消失导致的欧美发达国家投资转移有关,在某种程度上也表明中国正在逐步剥离劳动密集、技术低级的生产环节。由于全球市场环境形成的倒逼机制和中国自身产业发展的内在要求,促进了中国制造业在一定程度上的产业升级。

四、结论与启示

在经济全球化背景下,产品内国际分工迅速发展,中国凭借丰富的劳动力资源、通过承接发达国家（地区）制造业劳动密集型生产环节参与到国际垂直专业化分工体系中。本节对中国制造业参与产品内国际分工的影响因素做了实证分析，结果表明，中国在全球价值链分工体系中承担的仍然是中低端生产环节，对于高端技术密集型产品，尚不具备生产能力；制造业的发展水平和规模直接影响到价值链的延伸；经贸政策，包括外资、外贸政策以及对外开放程度等，都对中国制造业垂直专业化分工产生了显著影响；区域性生产网络的发展对一国产品内国际分工也至关重要。

　　需要说明的是，中国制造业在参与全球产品垂直专业化生产的过程中，承接的是发达（地区）国家制造业的中低端生产环节的现状没有发生实质性的改变。关键原因是发达国家（地区）对高新技术知识的垄断。发达国家（地区）对于知识产权的保护，使发展中国家始终只能从事简单加工或组装，依靠廉价劳动力获得微薄利润。然而随着中国人口红利的消失，中国参与全球产品内国际分工的原有模式将不可维持，中国制造业必然面临严峻挑战，即在劳动密集型产品的生产上不再具有优势，而在技术密集型产品的生产上又不具备相关技术能力。事实上，欧美跨国公司的回流或转移目的国、中国企业到东亚或东南亚进行直接投资也正是受到劳动力因素的倒逼，导致成本的增加抵消了在中国投资所获得的收益的增加。在实证分析中，中国对东亚生产网络的依赖也证明了这一事实。因此，技术因素已成为中国制造业产业升级的关键变量，中国企业只有通过技术创新、研发核心技术、开发核心产品、提高产品技术含量，以质取胜，才能提升产品国际竞争力，提高中国在国际垂直分工体系中的地位，实现中国产业升级。

产品内国际分工与
中国制造业
产业升级
Chapter 4

第四章 产品内国际分工与产业升级理论研究

在垂直专业化和产品内贸易的条件下，原本在同一国家或地区之内生产的产品，可以通过发达的信息网络和物流体系成为全球化生产的产品，产品生产中的开发、设计、制造、组装和营销等环节可以由分布在世界各地的在该环节生产中最具竞争优势的企业共同完成。因此，研究产业升级不能局限于一国或一地区之内，而要放在全球价值链的分工体系和竞争环境中通盘考虑。本节将在前面研究的基础上，分析全球价值链下产业升级的内在机理。

第一节 产品内国际分工与产业升级的内在机理

一、产品内国际分工下产业升级的方向

随着产品内国际分工的发展，价值链环节和增值活动在全球范围内实现了分解与重新配置，制造业各生产商成为全球价值链上的一环，各价值链环节技术水平不同，增加值也有所不同。

根据 Gereffi（1999）关于产业升级的理论研究和东亚众多国家工业化进程的实证检验，全球价值链视角下的产业升级一般遵循"工艺升级—产品升级—功能升级—跨产业升级"的路径。这一路径与 Hobday（1995）提出的从 OEA（委托组装，Original Equipment Assembling）到 OEM（贴牌生产，Original Equipment Manufacturing），到 ODM（自主设计，Original Design Manufacturing）再到 OBM（自主品牌，Original Brand Manufacturer），最后实现跨产业生产集团的演化模式基本对应（见图 4-1）。

产品内国际分工下的产业升级表现为产业由低技术水平、低增加值向高技术水平、高增加值的演变的过程（张向阳、朱有为，2005）。随着品牌、营销、售后服务等环节越来越重要，制造业表现出越来越明显的购买者驱动特征，制造业不再是单纯的生产者驱动

第四章　产品内国际分工与产业升级理论研究

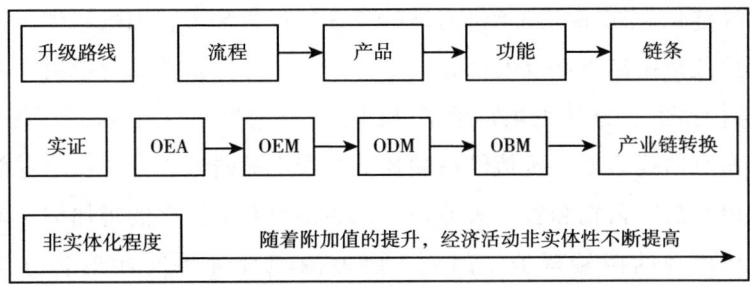

图 4-1　全球价值链产业升级轨迹

资料来源：Kaplinsky R, Morris M. A handbook for value chain research [M]. Ottawa: IDRC, 2001.

型，而是混合驱动型。根据制造业价值链的特性，其升级方向有三种。

（一）向价值链高端延伸

根据微笑曲线（见图4-2），研发设计、核心零部件的生产以及品牌营销是技术和资本密集型，进入壁垒高，增加值亦高；外围零部件的生产和组装属于劳动密集型环境，进入门槛低，增加值也低。对于发达国家而言，由于其拥有技术和资金优势，在价值链中处于战略

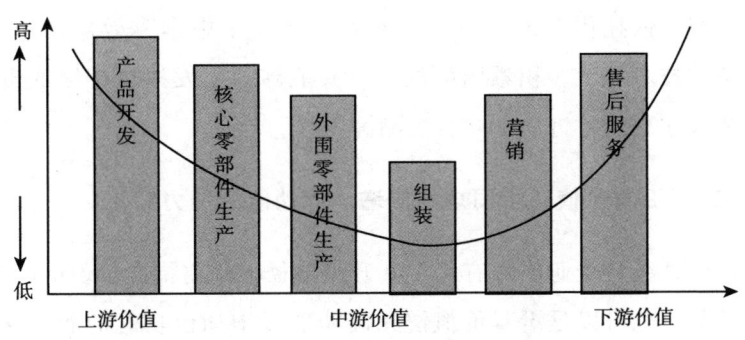

图 4-2　全球价值链下的微笑曲线

资料来源：赵春燕. 从比较优势到竞争优势——基于中国汽车产业的实证研究 [M]. 北京：中国经济出版社，2012.

性主导地位，往往控制了价值链的高端增加值环节；而发展中国家在全球价值链中缺乏必要的资金技术，往往依靠廉价劳动力依附于发达国家（地区），从事低增加值的外围零部件的生产与组装环节。

微笑曲线表明，价值链高端环节处在产品研发设计、核心零部件生产以及品牌营销和售后服务环节，如果要获取更多的增加值，就必须向价值链的两端延伸。因此，由外围零部件生产和组装分别向前——产品研发、核心零部件生产，向后——品牌营销和售后服务环节攀升，成为提升价值链、实现产业升级的两个方向。其本质是增加值变高和投入产出效率提高的过程。为此，企业需要不断剥离出变离值较低、可替代性较高的环节，进入增加值较高的环节。而这一过程的实现不仅需要企业投入价值链高端环节所需的技术与资金，而且需要上下游产业相应的价值链支撑和治理高端价值链环节的能力。

刘常勇（1999）指出，对于后进国家而言，在研发设计和品牌营销环节不具有优势，这类企业在曲线两端的增加值反而低于加工装配环节，呈现一种与微笑曲线相反的苦笑曲线，这也是大多数企业为何从事代工生产而不向价值链高端攀升的原因。因此，价值链的攀升不能一蹴而就，需要长期的努力和战略性规划。在当前发达国家控制、保护核心技术的情况下，发展中国家更为现实的选择是努力做好生产环节，依托代工过程中的技术溢出和"干中学"效应，不断提升产品的技术含量，积累国际经验，并能够为研发提供持续的资金、技术和人才支持，进而创立自主品牌。

（二）沿着价值链相同功能或增加值功能的能力深化

企业升级与企业能力有关，其升级路径不一定指向价值链的高增加值环节，也可以是沿着价值链相同功能或增加值功能的能力深化。生产功能增加值的高低取决于其所发挥的专属优势的程度。企业若在生产品质控制与及时生产系统等方面发挥专属优势，就可以凭借制造业功能形成进入壁垒，创造高增加值。借国际分工深化至产品内之

第四章 产品内国际分工与产业升级理论研究

际,努力提高产品质量和不可替代性,使之成为国际品牌企业不二的代工选择,才可与发包方抗衡,从被控制关系转向能力互补、技术充分交流、市场共享的协作关系,促进价值链向均衡型转移,分享合理的利润空间。

在全球一体化快速发展、国际分工深入产品内国际分工的背景下,以整机品牌企业为主导的价值链由多条子价值链融合而成,而零部件本身就是一条子价值链,这为价值链攀升提供了另一条途径。发展中国家的零部件生产商可以致力于自身技术水平和工艺水平的提高,在技术和制造中保持领先地位,这不仅可以嵌入更多的子价值链,提升在全球价值链中的地位,而且可以实现转"被动"为"主动",选择性地承接国外订单,为嵌入高级价值链、实现价值链攀升奠定基础。

(三) 实现整体价值链升级

整机品牌企业作为全球价值链的驱动者,在整个价值链中占据支配地位。而为数众多的配套企业作为价值链的推动者,其作用亦不可小觑。正是数量众多、技术一流的配套企业通过与整机品牌企业的密切协作与互动,推动了产业升级。然而后进国家不仅整机品牌企业的规模和竞争实力明显落后于发达国家,而且关键零部件同样依赖发达国家。这种双重落后严重影响了后进国家的整机品牌企业对全球价值

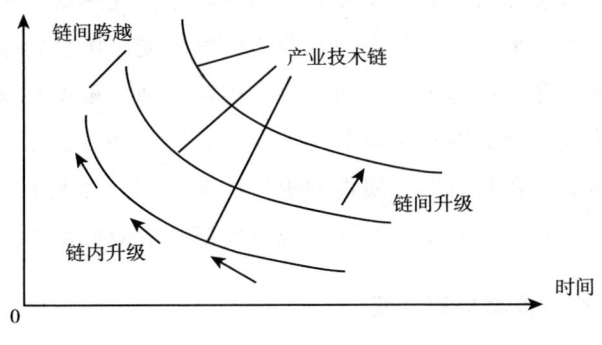

图 4-3 技术链的升级

链的治理能力，造成整条价值链处于依附地位，从事简单的加工装配的低端环节。因此，制造业实现升级不仅需要整机品牌企业提高自身实力，需要配套企业提高技术水平，而且需要价值链不同环节的各企业提高协作与互动水平，实现整条价值链的提升（如图4-3所示）。价值链整体提升以前两种提升为基础，是更高级的全方位升级。

二、产品内国际分工对产业升级的影响

随着国际分工的深化和产品内国际分工的出现，跨国公司在全球范围内进行资源整合以追求利润最大化。跨国公司在全球范围内进行资源配置降低了其对单一国家资源的依赖程度，实现了全球生产要素资源的更高效利用。在产品内国际分工背景下，产品不同环节、工序被分散到不同国家或区域进行生产，产业的外延也因此扩大化。一种产品的生产不可能在一个国家或地区独立完成，它需要遍布在全球的各个节点所组合的全球生产网络通力合作。跨国公司通过产品内国际分工逐渐渗入各国生产体系，对各国产业升级产生诸多影响。

（一）资源配置方式改变

跨国公司基于比较优势在全球范围内进行资源配置。产品内国际分工出现后，跨国公司这种基于比较优势的资源配置方式逐渐深入产品工序与环节层面。产品内国际分工出现的条件之一就是生产环节技术与空间的可分离性。产品内国际分工的发展使跨国公司基于比较优势的要素配置深入产品工序层面，每个国家或地区根据自身的比较优势，专业化生产产品的某一环节或工序。工序或环节的专业化生产导致越来越多的产业具有同一属性的价值链在空间上集聚于某些国家和地区，进而导致生产效率的提高、规模经济外溢效应增加。

（二）产业集群机制改变

在传统国际分工背景下，产业集聚表现为产品的集聚，即资本、

技术密集型产品集聚于发达国家，劳动密集型产品集聚于发展中国家。在产品内国际分工背景下，国际产业集聚逐渐深入生产工序层面，即知识密集型环节，如设计、研发、营销和品牌管理等高增加值环节的企业在发达国家不断集聚，同时劳动密集型环节，如装配、制造等低增加值环节在发展中国家集聚。在新型产业集聚状态下，发展中国家有可能从事资本、技术密集型产品的生产，但是仅涉及简单加工、装配等劳动密集型环节的生产。因此单从产品出口种类判断一国的产业发展状况就显得片面而有失精准。此外，新型产业集聚有利于发展中国家在某个价值链环节上实现能力积累，增强自身在产品内国际分工网络中的"发言权"，甚至进入或形成全球价值链的战略环节，突破发达国家对发展中国家在价值链环节的低端锁定，实现产业升级。

（三）产业竞争模式改变

在产品内国际分工背景下，产业的竞争力不再体现于占有整个产业链和最终产品上，任何一个国家再也没有必要建立某个产业完整的产业链，而只要按照本国的比较优势专注于产品生产的特定环节，努力提高该环节生产增加值。首先，产业控制力也转而表现为跨国公司在全球范围内布局、协调和整合价值链活动的能力，拥有控制力的跨国公司就是价值链的治理者，它们往往占据价值链的垄断性战略环节，获得价值链上最多的价值增量，因而拥有整个产业的治理权和控制权，也决定着产业的发展方向；其次，价值链的影响者，它们占据不完全竞争关键环节；最后，在全球价值链中不具国际竞争力的跨国公司，只能占据完全竞争环节，成为价值链的参与者，获得很小的价值增量。

（四）产业升级模式改变

在传统分工模式下，发展中国家产业升级往往受到资本、技术以及供求发展状况的限制，呈现由低到高依次发展的特点，即由劳动密集型向资本密集型转变、由资本密集型向技术密集型转变。然而在产品内国际分工背景下，发展中国家的产业升级可以呈现跨越式发展，即由劳动密集型产业转移为主，向劳动、资本、技术密集型产业并行转移转变，由产业链整体转移向价值链特定环节转移转变。发展中国家可以凭借自身特定的比较优势，发挥后发优势，同时进入劳动密集型产业、资本密集型产业和技术密集型产业，实现产业高级化跨越式发展。

三、产品内国际分工促进产业升级的作用渠道

在产品内国际分工背景下，发展中国家实现全球价值链的攀升主要依赖于在参与全球价值链经济活动中努力提高自身科技水平，增加增加值含量。在这一过程中，国际贸易和国际投资是与发展中国家产业升级密不可分的两种经济活动。国际直接投资不仅为发展中国家带来了产业成长所必需的资金和技术，而且为发展中国家提供了直接进入国际市场的通道。跨国公司的存在与发展，为发展中国家企业产生了不同程度的示范效应、溢出效应、关联效应和竞争效应，使发展中国家得以实现积累资金、提高技术水平和发展关联产业，从而推动产业升级。国际贸易使发展中国家的资源得到有效利用，有利于产业结构的优化；其出口产品接受世界市场的检验，有利于企业提高产品质量；进口商品的涌入，对国内企业产生示范效应和竞争效应，有利于企业改进生产工艺、提升竞争意识，推动产业升级。而产品内国际分工恰恰是一种将对外贸易与利用外资结合在一起的经济活动方式。由于"两头在外"和投资主体大多是携带先进技术的跨国公司，产品内国际分工往往为发展中国家提供了一个实现自身产业升级的机会和平台。具体而言，产品内国际分工对产业升级的作用渠道主要表现在如下四个方面。

第四章 产品内国际分工与产业升级理论研究

(一) 资本积累

产品内国际分工的发展使跨国公司将目光转向全世界进行资源配置以追求利润最大化。对外直接投资和外包是跨国公司在全球内进行资源配置的主要方式。通过对外投资，跨国公司可以利用发展中国家的廉价劳动力进行劳动密集型加工环节的生产，从而降低成本，增加收益。因此跨国公司对利润最大化的追逐成为其进行对外直接投资的重要动力源泉。与此同时，发展中国家资金、技术短缺，亟须发达国家在该方面给予支持和帮助。Chenery 和 Strout (1966) 在《美国经济评论》上发表《外援与经济发展》一文，提出了"双缺口"理论。凯恩斯国民收入理论认为外汇缺口等于储蓄缺口。"双缺口理论"认为，为维持经济的一定增长速度，储蓄缺口与外汇缺口必须保持平衡，而吸收外资可以同时填补这两个缺口。这一理论为发展中国家通过利用外资弥补国内资金短缺的做法提供了理论支持。改革开放初期，中国缺乏经济发展所必需的资金与技术支持，经济发展缓慢。因此，致力于扩大吸收外资规模和鼓励出口导向型外商投资企业来华投资成为我国外资发展战略。

20 世纪 90 年代初期，FDI 开始大量涌入中国（见图 4-4）。1990 年中国吸引外资 34.9 亿美元，1995 年中国吸引外资 375.2 亿美元，增长 10.8 倍，同时外商直接投资占全社会固定资产投资的比重也由 1990 年的 3.7% 上升到 1995 年的 15.7%。2002 年中国加入世贸组织 (WTO)，外商直接投资政策进一步放开，投资环境进一步优化，FDI 迎来快速增长时期。2002 年中国加入 WTO 之初，FDI 为 527.4 亿美元，到 2012 年 FDI 流入达 1117.2 亿美元。值得关注的是，FDI 占全社会固定资产投资的比重却逐年下降，至 2012 年，这一比重降至 1.9%。这表明我国一般性的资金缺口问题已得到基本解决。

资本短缺问题得到解决的同时，中国经济也得到持续快速发展，出口贸易突飞猛进，出口创汇增加使外汇短缺问题得到基本解决。

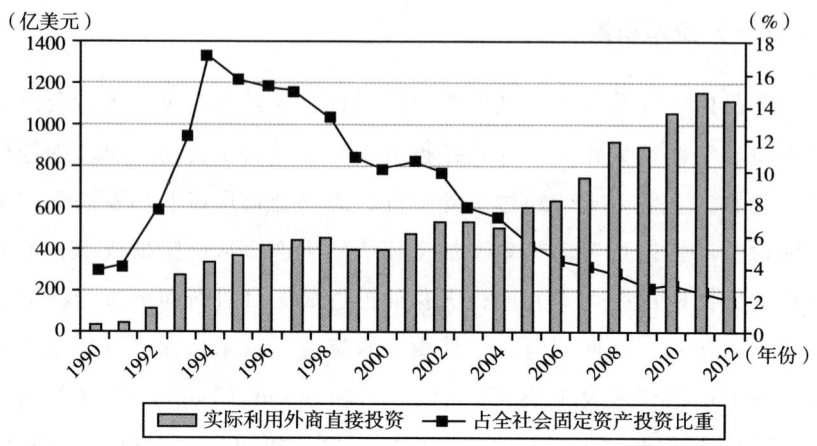

图 4-4　1990—2012 年中国实际利用外资的情况

资料来源：国家统计局网站。

2002 年中国实现贸易顺差 304.3 亿美元，到 2012 年该值攀升至 2303.09 亿美元。其中，外商投资企业功不可没，一直以来外商投资企业都是中国进、出口贸易的主力军，占据了中国进、出口贸易的 50% 上下（见图 4-5）。外商投资企业带动中国出口增长不仅使中国以及中国企业完成了最初的资本积累，同时也为中国企业在开辟国际市场、参与国际竞争等方面起到良好的示范效应，其对产品质量的高标准要求也为中国企业引进先进生产技术、提高产品质量、强化售后服务起到积极的推动作用。外商投资企业大多以加工贸易方式出口其产品，即进口中间产品，进行加工后再行出口。在这种贸易方式下，中国一方面使中国企业在资金、技术不足的情况下接触到世界先进的中间投入品，为中国企业模仿制造提供了学习平台；另一方面这种生产方式使中国很快融入产品内国际分工的浪潮中，成为全球价值链中的重要一环，被冠以"世界工厂"。产品内专业化将最优有效规模不同的环节加以分割，每个国家或部门从事特定中间品或生产环节的专业化生产，有利于增强劳动熟练程度、提高生产效率，有利于每个环节充分实现规模经济。

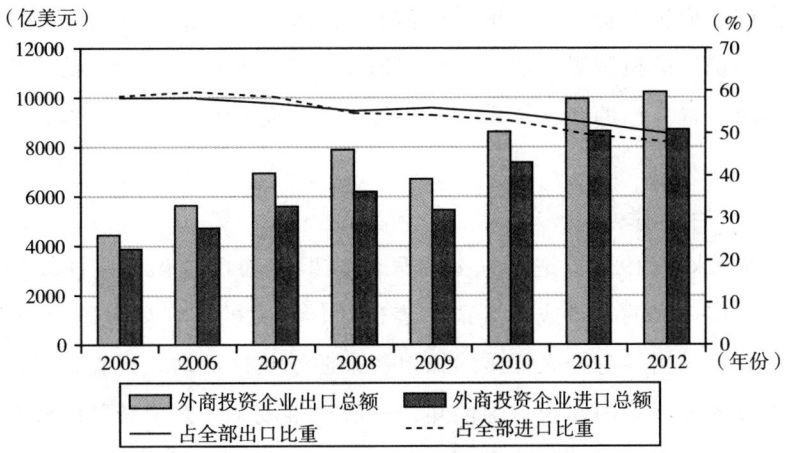

图 4-5　2005—2012 年中国外商投资企业的进出口走势

资料来源：国家统计局网站。

因此跨国公司和 FDI 的涌入，不仅缓解了企业资金供需矛盾，先进设备的引进也极大地提高了中国企业的生产效率，熟练劳动需求增加优化了资源配置结构。出口成为拉动中国经济增长的"三驾马车"之一，中国企业也逐渐打破家庭作坊式发展模式，通过吸引、利用外资实现资本积累、增加出口、提高利润，实现产业升级。中国以及中国企业所进行的资本积累为中国经济发展和企业向更高附加价值的价值链攀升奠定了坚实基础。

（二）知识转移与扩散

在全球价值链体系中起主导、控制作用的领导厂商占据增加值较高的价值链环节，同时将增加值较低的环节发包给其他国家厂商。领导厂商之所以能够占据控制地位，这与其拥有的机械设备、品牌等稀有资产密不可分（Gereffi，1999）。领导厂商正是利用稀有资产制造各种进入障碍阻止新厂商向战略环节提升来获取各种"技术租""组织租""关系租""贸易政策租""品牌租"等（Bonacich et al.，1994）。因此，要想获得价值链环节与增值活动的提升，就必须逐步获得或形成稀有资产，寻求"经济租"，而这一转变可以通过知识转移和知识扩散机制得以实现。在知识转移或扩散的过程中，低层级企业不断完善自己的知识体系，逐步提升在全球价值链中的地位，从而实现产业升级。

1. 知识概述

Nonaka（1994）把知识分为显性知识和隐性知识。显性知识是指可以用正式的符号或系统语言表达的、成文的、容易沟通的知识。隐性知识是指具有个人性质的知识，来源于具体活动、经验，包含认知、技术等因素的知识，隐性知识一般很难成文。知识转移内容既可以是显性知识，也可以是隐性知识。唐春晖（2003）认为，对于一个企业而言，显性知识主要表现在物化在机器设备上的知识和以书本、资料等形式体现的产品质量控制手册、产品设计工艺等，因此可以用规范化和系统化的语言进行保存、处理和传播，也易于学习模仿；隐性知识主要体现在企业组织结构、管理经验、企业文化等无形资产以及企业员工的知识水平和工作经验，这些知识难以言传，高度个人化，难以复制模仿，一般要通过技术指导、交流和培训以及工作访谈等面对面的方式来传播。刘德学等（2006）沿用了 Nonaka（1994）对知识的分类，并在此基础上对中国加工贸易升级机制进行研究。

2. 知识转移

全球生产网络中的委托企业之所以愿意向加工企业转移知识，其目的主要有两个：一是确保加工企业具备生产相关产品或零部件所必需的技术知识以保证生产顺利进行；二是逐步将更多、更复杂的生产环节转移到加工企业以使其自身可以集中资源从事战略性环节的生产以适应日益激烈的竞争局面。由此可见，委托企业向加工企业转移知识的基点在于提高整个价值链的运行效率，实现成本最小化和利润最大化。因此是否转移某项知识取决于该项知识转移的边际收益与边际成本。如果转移所带来的边际收益大于转移所造成的边际成本，则领导厂商出于利润最大化的动机会向加工厂商转移该项知识,反之,不进行转移。

Ernst 和 Kim(2002)认为委托企业可以通过多种机制进行知识的跨境转移。首先,委托企业可以通过市场媒介与加工企业签订知识购买的正规合同。当然知识也可以通过非正式途径不支付任何费用进行转移。其次,委托企业可以发挥主动性,严格控制知识接收方的知识转移途径。当然,委托企业也可以选择不作为,对知识接收方如何使用知识不加干涉。利用市场媒介与否和委托企业扮演何种角色这两个维度构成了一个 2×2 矩阵(见图 4-6),用以识别不同的知识转移机制。

	委托企业	
	积极	消极
市场中介	正式机制(FDI, FL)	商品贸易(提供设备)
非市场中介	非正式机制(技术援助)	非正式机制(人员交流)

图 4-6 知识转移机制

资料来源:Dieter Ernst, Linsu Kim. *Global Production Network*, *Knowledge Diffusion and Local Capability Formation* [J]. Research Policy, 2002 (31): 1417-1429.

第一种类型如象限 1 所示,如果加工企业是委托企业的独资公司或合资公司,则委托企业主要通过直接投资、技术许可和技术咨询等正式途径来进行知识转移。大多是情况下委托企业拥有子公司的大部分股权。

第二种类型如象限 2 所示,当加工企业是独立供应商时,主要依赖购进标准设备来提高其生产效率。而委托企业不一定是设备的提供方,但它可以间接迫使加工企业从外部购进先进设备来提高生产能力。

第三种类型如象限 3 所示,委托企业主要通过原始设备制造(OEM)这种非正式的方式向当地独立供应商进行知识转移。委托企业向加工企业以设计图、技术标准和技术援助等形式的知识转移大多是免费的,目的是确保加工企业生产出的产品和服务符合其技术标准。

第四种类型如象限 4 所示,独立的加工企业在委托企业几乎没有发挥作用的情况下,通过访问学习和人员交流等非正式的方式获得知识转移。其中人员交流不仅包括派遣工程师到国外进行学习,还包括聘请国外工程师到国内进行短期工作。

以上四种知识转移方式共同发挥作用,委托企业在选择知识转移方式时充分考虑当地资源禀赋情况、加工企业竞争能力、知识产权保护等情况;加工企业则选择最便捷的途径获得先进知识、技术和管理技能,以实现自身产业升级。

3. 知识扩散

委托企业自觉或不自觉地向加工企业进行知识转移,在此基础上加工企业还须有效吸收转移过来的知识,并加以创造以提高自身能力。这一过程被称为知识扩散,主要是通过显性知识和隐性知识之间的动态转换过程来完成的。知识扩散实际上是通过显性知识和隐性知识的动态转化过程实现的。知识的传递与转化过程,需要经过以下四个阶段:内部化①、外部化②、结合③、社会化④(见图 4-7)。

Ernst 和 Kim (2002) 深入探讨了显性知识和隐性知识在委托企业和加工企业以及加工企业之间的传导机制(见图 4-8)。

首先,委托企业通常向加工企业提供新型机械设备、设计图、生产与质量控制手册以及产品与服务规范等帮助加工企业增强自身生产

---

① 内部化 (Iniernalization) 是指从显性知识到隐性知识的转化过程,即将经过社会化、外部化、结合而成的知识转化为成员的经验与心得。

② 外部化 (Externalization) 是从隐性知识到显胜知识的转换过程,是知识转化过程中最为关键的环节。

③ 结合 (Combination) 是指从显性知识到显性知识的转化过程,是企业知识活动中另一个非常重要的阶段。

④ 社会化 (Socialization) 是从隐性知识到隐性知识的转换过程,实质上是隐性知识在不同主体之间的互动,是创造出来的隐性知识的共享。

第四章 产品内国际分工与产业升级理论研究

	隐性知识	显性知识
隐性知识	社会化	外部化
显性知识	内部化	结合

图 4-7　知识的传递与转化

资料来源：卜国琴．全球生产网络与中国产业升级研究：61．

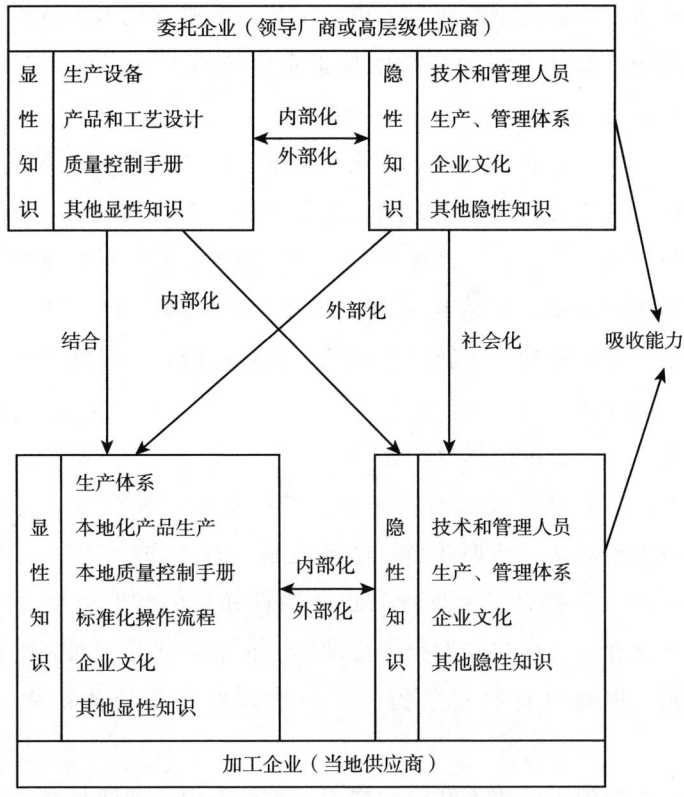

图 4-8　全球价值链中供应商吸收能力形成机制

资料来源：Dieter Ernst, Linsu Kim. *Global Production Network, Knowledge Diffusion and Local Capability Formation* [J]. Research Policy, 2002 (31): 1417–1429.

能力使其生产产品与服务达到预期要求。加工企业则通过学习、吸收、转化显性知识为隐性知识，即内部化（Ernst and Kim，2002）。在大多数情况下，获得显性知识本身并不足以使加工企业将该知识直接用于生产，将显性知识转化为直接的生产能力还需要一定数量的隐性知识。因此为帮助加工企业人员更好地理解显性知识以确保生产顺利进行，委托企业会邀请加工企业的工程技术人员参观实际生产过程并接受系统培训。这有助于把从书面资料中取得的显性知识内化成实际操作技能。同时这种做法有利于加工企业技术人员了解委托企业生产和管理体系。委托企业通过人员技术培训或派遣技术人员到加工企业生产现场进行技术指导来帮助加工企业技术人员直接获得隐性知识，即社会化（Ernst and Kim，2002）。

其次，加工企业将从委托企业那里获得的书面资料转换成与当地制度环境、商业运行环境更为适应书面材料，如质量控制手册等。这一过程包含两个方面：一是加工企业把从委托企业获得的显性知识转化为新的显性知识，即结合（Ernst and Kim，2002）；二是加工企业工程技术人员将隐性知识转化为加工企业自己的新的显性知识，即外部化（Ernst and Kim，2002）。

再次，知识扩散同样存在于加工企业内部。由于这些知识来源于委托企业，因此最初只由加工企业少量技术和管理人员通过阅读资料、实地考察和接受培训获得。随着技术的推广和参与企业的增多，在加工企业内部就会发生显性知识和隐性知识的相互转换，即内部化、外部化和社会化交互发生，推动加工企业建立并不断完善自己的知识体系，提高自身的竞争力，进而实现在全球价值链中角色的提升。

最后，知识扩散离不开隐性知识的主动干预，即便是在显性知识到新的显性知识的转换过程中，隐性知识都起着决定性作用。因此，加工企业建立属于自己的隐性知识库显得尤为重要。这是因为知识扩散的效率和速度不仅取决于来自委托企业的知识数量和质量，同样取决于加工企业的吸收能力（主要包括知识基础和努力程度）。知识基础决定了知识转移的复杂程度，而努力程度加速了转化进程。转化速度的提高又反哺知识基础。另外，良好的内外部环境和适当的政策引导有助于知识扩散机制的发挥。

（三）技术溢出

产品内国际分工技术溢出是指由产品内国际分工所带来技术的非自愿扩散而引发的发展中国家技术和生产力水平的提高。发展中国家生产技术相对落后，技术创新能力相对不足，通过学习、模仿、吸收和改进发达国家的先进生产技术作为技术进步的主要渠道能降低创新成本、快速提高技术水平和能力，从而促进技术进步和产业升级。按照技术溢出对象的差别，产品内国际分工的技术溢出可以分为两种：一是对当地竞争企业的技术创新的示范、刺激与推动，称为平行溢出；二是对当地上下游关联企业的技术进步的示范、援助与带动，称为垂直溢出。

1. 市场竞争和技术示范

在产品内国际分工模式下，跨国公司在全球范围内进行资源配置的根本动机是追求利润最大化。跨国公司是否决定进行FDI或外包加工不仅取决于当地的生产要素禀赋，还与当地企业的生产能力、技术水平、配套设施以及政策环境等密切相关。由于跨国公司在全球价值链中居于主导地位，掌握着价值链最核心环节的生产，因此享有对供应商的选择权。一国企业要想成为价值链中的一环，必然会引入先进的生产技术和管理经验，依靠提高产品质量、降低产品成本、增加产品技术含量打败来自全球的竞争对手。全球性生产将供应商置于全球竞争当中，有利于供应商企业优胜劣汰，革新技术，推动自身产业升级。同时，该供应商努力提高产品竞争力会对当地企业产生横向和纵向的示范效应。一方面供应商自身产品竞争力提高的同时必然要求其上下游企业相应提高产品质量，因此会对其上下游企业产生技术示范效应，并在上下游企业中掀起竞争浪潮，推动上下游企业改进生产工艺；另一方面，供应商产品生产工艺的改进还会打破国内市场原有的均衡状态，加剧国内行业内部的竞争，增加了本地企业学习先进技术的内在动力，同时也向国内企业示范其先进的生产工艺、管理方式，使当地企业了解国外的先进技术和管理水平，增强危机感和竞争的意识，推动产业升级（见图4-9）。

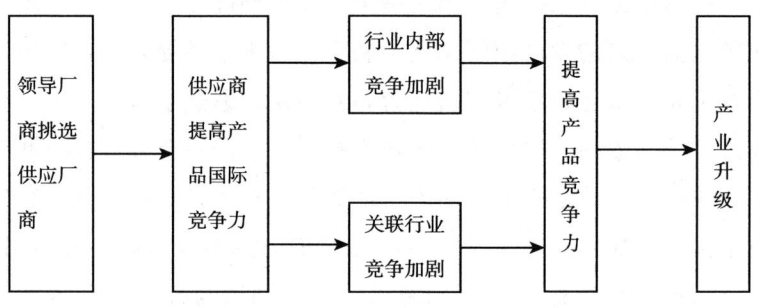

图4-9 竞争效应传导机制

资料来源：作者绘制。

2. 国际贸易

作为全球价值链上某一生产环节的节点，企业通过国际贸易产生技术溢出效应。企业通过进口和出口与国外市场保持密切联系，互通技术。进口方面，在产品内国际分工模式下，企业在生产过程中所使用的部分原材料、中间产品需要从国际市场直接进口。这些进口产品中大多是目前发展中国家无法生产或产品质量达不到国际市场要求的产品。因此，随着这些产品的大量进口，新技术、新标准和新工艺也随之而来。企业可以通过学习、模仿进口的新产品或产品的新品种，提高产品质量、改进产品性能，提高本国产品国际竞争力，有效推动产业升级。此外，企业还可以通过对进口产品的"逆向设计"，学习发达国家产品的设计工艺，了解国际市场上同类产品的发展动态，节约研发费用，促进技术进步。出口方面，在产品内国际分工模式下，国内供应商将产品某一环节加工生产出口，其产品必须符合国际标准。因此供应商在生产过程中必须严把质量关、技术关，这就迫使企业改进生产工艺，提高生产效率。总之，中间产品和最终产品的进口与出口形成了国际先进技术的信息流，在信息流中先进技术得到扩散。

3. 企业前向、后向关联

企业在全球价值链中的前后联系是产品内国际分工技术溢出的重要渠道。无论是前向关联还是后向关联，只要其中某一个部门的技术发生了变化，都会影响到与其相联系的其他部门，迫使后者与此相适应，并对其原来的技术体系进行改造，从而通过"关联效应"带来行业间与行业内的技术外溢。首先，领导厂商进入初期，供应商生产能力相对较弱，与之相关联的企业也还不具备配套生产能力或相应的技术水平。领导厂商会对当地供应商进行技术援助与人员培训，提高供应商的供应能力。与此同时，供应商会增加对当地配套企业的技术支持，以带动配套供应商和分包商的生产发展和技术进步。因此，作为当地企业可以以较低的成本获得相对全面的技术支持，这对于提高当地企业产品质量和生产工艺、促进新产品开发意义重大。其次，在产品内国际分工模式下，供应商不可能进行产品所有工序或环节的生产，领导厂商对产品质量与技术的要求必然通过供应商转嫁给当地其他与之有关联的上下游企业。当供应商改进生产工艺、提高产品技术含量或突出产品新品种时必然要求这些上下游配套企业生产出符合其要求的零部件等配套产品以保证其供应商地位，这样会对配套企业形成各种刺激与压力，促使其进行产品性能改进和技术改造，谋求更高的性能标准和产品质量，提高生产能力和供应能力。配套企业的生产能力和供应能力越强，领导厂商和供应商国内采购率就会越高，企业所联动的当地产业链条越长，技术转移和外溢效果也越明显，推动产业技术水平的提升和产业升级的能力也越强。

（四）产品内国际分工对技术进步的消极作用

以上论述表明产品内国际分工对技术进步和产业升级具有促进作

用,事实上,产品内国际分工对技术进步和产业升级也存在消极作用。首先,在产品内国际分工模式下,领导厂商居于主导地位,其在分割价值链的过程中,会严格控制其稀有资产的外流,以获得特有的"经济租"。领导厂商愿意扩散的技术都是成熟性技术,而对于战略环节的核心技术往往严格保密。因此,发展中国家的企业往往被锁定于低技术的环节,很难依靠技术转移实现产业技术的赶超。其次,在产品内国际分工模式下,产业的主导权掌握在少数几个拥有核心技术的领导厂商手中,他们决定了产品的发展方向。领导厂商将价值链进行分割,其技术转移也采取局部分割的策略,这样参与全球价值链生产的发展中国家企业只能专注于产品的特定生产环节,其所获得的技术溢出也只限于特定生产环节的技术,因此难以左右整个产品的发展方向,并且不可避免依附于领导厂商的核心技术,难以独立发展。

综上所述,产品内国际分工对发展中国家的技术进步既有积极作用又有消极作用,因此发展中国家应当正确对待产品内国际分工中的技术扩散效应,在获得技术溢出的同时必须加强自身技术储备、提高自身吸收能力,推动技术进步和产业升级。

第二节　产品内国际分工与产业升级的理论模型

Long 等(2005)构建了一个最终产品生产部门与服务性资本生产部门的两部门理论模型,研究发现各国制造业的专业化分工依赖于各国服务产业的发展水平。唐海燕和张会清(2009)建立了一个包括最终消费品生产部门和服务资本生产部门的两部门模型,分析发展中国家在产品内国际分工模式下提升国家价值链的影响因素。陈晓华等(2011)加入生产性资本生产部门,将模型拓展为三部门模型,研究出口复杂度的影响因素与作用机理。黄永明等(2012)引入金融部门,将模型拓展为四部门模型。本书参考黄永明等(2012)的四部门模型对出口复杂度的影响因素进行分析,并与两部门模型和三部门模型的研究结论进行对比分析。

一、模型假设

假设一个发展中国家 C 与发达国家 D 都加入产品内国际分工,共同生产最终消费产品 X。该发展中国家 C 的出口复杂度为 n_1,能够生产并出口的最终产品的技术水平范围为 $(0, n_1)$,发达国家 D 的出口复杂度为 n_2,能够生产并出口的最终产品的技术水平范围为 $(0, n_2)$。与发达国家 D 相比,发展中国家 C 通常处在全球价值链的低端环节,因此 $n_2 > n_1$。假设在出口产品的生产过程中,最终产品生产部门需要投入性资本 K 与非熟练劳动力 L,其中投入性资本包括生产性资本 K_M、服务性资本 K_S 以及金融资本 K_F。生产性、服务性以及金融资本的生产则既需要熟练劳动力 H 又需要非熟练劳动力 L。这是因为技术水平的提升主要依赖于投入性资本的技术以及创新水平的提升,而熟练劳动力 H 是产品技术进步的重要源泉。

(一) 最终产品生产部门

假设每生产 1 单位最终出口产品 X 需投入 1 单位的非熟练劳动的 L,$b_M j$ 单位的生产性资本 K_M,$b_S j$ 单位的服务性资本 K_S 以及 $b_F j$ 单位的金融资本 K_F。L、K_M、K_S 以及 K_F 的国内价格分别为 W^L、P_M、P_S、r_F,国外价格分别为 W^{L*}、P_M^*、P_S^*、r_F^*,则发展中国家 C 与发达国家 D 生产产品 X 的单位成本分别为:

$$C_C = \int_0^{n_1} [W^L + (b_M P_M + b_S P_S + b_F r_F)j] d_j = W^L n_1 + (b_M P_M + b_S P_S + b_F r_F) n_1^2 / 2 \quad (4-1)$$

$$C_D = \int_0^{n_2} [W^{L*} + (b_M P_M^* + b_S P_S^* + b_F r_F^*)j] d_j = W^{L*} n_2 + (b_M P_M^* + b_S P_S^* + b_F r_F^*) n_2^2 / 2 \quad (4-2)$$

假设发展中国家 C 与发达国家 D 生产同等技术水平 n 的出口产品 X 时，单位成本相等，即：

$$2W^L + (b_M P_M + b_S P_S + b_F r_F)n = 2W^{L*} + (b_M P_M^* + b_S P_S^* + b_F r_F^*)n \quad (4-3)$$

在最终产品生产部门，发展中国家 C 生产 N 单位技术水平为 n 的产品 X 时，对非熟练劳动力 L、生产性资本 K_M、服务性资本 K_S 以及金融资本 K_F 的需求分别为：

$$L_X = nN \quad (4-4)$$

$$K_M = N\int_0^n b_M j\, dj = Nb_M n^2/2 \quad (4-5)$$

$$K_S = N\int_0^n b_S j\, dj = Nb_S n^2/2 \quad (4-6)$$

$$K_F = N\int_0^n b_F j\, dj = Nb_F n^2/2 \quad (4-7)$$

（二）生产性资本生产部门

发展中国家的生产性资本部门生产 K_M 单位生产性资本需要 H_M 单位的熟练劳动力与 L_M 单位的非熟练劳动力。假设该部门的生产函数为柯布—道格拉斯函数，则生产性资本的生产函数与成本函数约束分别为：

$$K_M = \alpha H_M^\lambda L_M^{1-\lambda} \quad (0 < \lambda < 1) \quad (4-8)$$

$$C_M = H_M W^{H_M} + L_M W^{L_M} \quad (4-9)$$

其中，α 表示生产性资本生产部门的生产效率与发展水平。当 α 越高时，表明生产性资本生产部门的发展水平越高。W^{H_M} 与 W^{L_M} 分别表示生产性资本生产部门中，熟练劳动力与非熟练劳动力的要素价格。根据利润最大化原则，可得该部门的最优化条件为：

$$\frac{L_M}{H_M} = \frac{W^{H_M}}{W^{L_M}} \cdot \frac{1-\lambda}{\lambda} = \theta \quad (4-10)$$

$$P_M = \frac{W^{L_M}\theta^\lambda}{\alpha(1-\lambda)} \quad (4-11)$$

$$K_M = \alpha H_M \theta^{1-\lambda} \quad (4-12)$$

(三) 服务性资本生产部门

发展中国家的服务性资本部门生产 K_S 单位服务性资本需要 H_S 单位的熟练劳动力与 L_S 单位的非熟练劳动力。假设该部门的生产函数也为柯布—道格拉斯函数,则服务性资本的生产函数与成本函数约束分别为:

$$K_S = \beta H_M^\mu L_M^{1-\mu} \quad (0 < \mu < 1) \quad (4-13)$$

$$C_S = H_S W^{H_S} + L_S W^{L_S} \quad (4-14)$$

其中,β 表示服务性资本生产部门的生产效率与发展水平。当 β 越高时,表明服务性资本生产部门的发展水平越高。W^{H_S} 与 W^{L_S} 分别表示服务性资本生产部门中,熟练劳动力与非熟练劳动力的要素价格。根据利润最大化原则,该部门的最优化条件为:

$$\frac{L_S}{H_S} = \frac{W^{H_S}}{W^{L_S}} \cdot \frac{1-\mu}{\mu} = \eta \quad (4-15)$$

$$P_S = \frac{W^{L_S} \eta^\mu}{\beta(1-\mu)} \quad (4-16)$$

$$K_S = \beta H_S \theta^{1-\mu} \quad (4-17)$$

(四) 金融资本生产部门

发展中国家的金融资本部门提供 K_S 单位金融资本需要 H_F 单位的熟练劳动力与 L_F 单位的非熟练劳动力。假设该部门的生产函数也为柯布—道格拉斯函数,则金融资本的生产函数与成本函数约束分别为:

$$K_F = \gamma H_F^\nu L_F^{1-\nu} \quad (0 < \nu < 1) \quad (4-18)$$

$$C_F = H_F W^{H_F} + L_F W^{L_F} + r_C K_F \quad (4-19)$$

其中,γ 表示服务性资本生产部门的生产效率与发展水平。当 γ 越高时,表明服务性资本生产部门的发展水平越高。W^{H_F} 与 W^{L_F} 分别表示服务性资本生产部门中,熟练劳动力与非熟练劳动力的要素价格。r_C 表示金融资本部门的存款利率,r_F 表示金融资本部门的贷款利率。根据利润最大化原则计算,该部门的最优化条件为:

$$\frac{L_F}{H_F} = \frac{W^{H_F}}{W^{L_F}} \cdot \frac{1-\nu}{\nu} = \rho \qquad (4-20)$$

$$r_F = \frac{C_F}{K_F} = r_C + \frac{W^{L_F}\rho^{\nu}}{\gamma(1-\nu)} \qquad (4-21)$$

$$K_F = \gamma H_F \rho^{1-\nu} \qquad (4-22)$$

(五) 消费者

假设劳动力可在四部门间自由流动,因此熟练劳动力 H 和非熟练劳动力 L 在各部门间的工资水平相等,有:

$$W^H = W^{HM} = W^{HS} = W^{H_F} \qquad (4-23)$$

$$W^L = W^{LM} = W^{LS} = W^{L_F} \qquad (4-24)$$

由此发展中国家劳动力的总收入可以表示为:

$$W = HW^H + LW^L \qquad (4-25)$$

黄永明等(2012)将消费者的选择行为,即两阶段跨期效用的最优决策纳入模型,假设发展中国家的消费者的效用函数为:

$$U(C_1, C_2) = \ln C_1 + \ln C_2 \qquad (4-26)$$

其中,C_1 和 C_2 分别代表本国居民在 t_1 和 t_2 期的消费。令在 t_0 期时本国消费者的初始财富为 0。根据消费者效用最大化的原则有:

$$\max_{C_1, C_2} \ln C_1 + \ln C_2 \qquad (4-27)$$

$$\text{s.t } HW^H + LW^L = C_1 + \frac{1}{1+r_C}C_2 \qquad (4-28)$$

求解可得 t_1 和 t_2 期最优消费分别为:

$$C_1^* = (HW^H + LW^L)/2 \qquad (4-29)$$

第四章　产品内国际分工与产业升级理论研究

$$C_2^* = (1 + r_C)(HW^H + LW^L)/2 \qquad (4-30)$$

假设消费者在 t_1 期将剔除当期消费后的剩余收入存入金融部门作为金融部门借贷资本的来源，则 t_2 期金融部门的存款总额：

$$S_2^* = (HW^H + LW^L)/2 \qquad (4-31)$$

（六）均衡条件

假设劳动力充分就业，不存在自然失业率，则根据劳动力市场、消费市场及资本市场出清存在三个均衡条件：

$$H = H_M + H_S + H_F \qquad (4-32)$$

$$L = L_X + L_M + L_S + L_F \qquad (4-33)$$

$$\frac{HW^H + LW^L}{2} = PN \qquad (4-34)$$

$$K_F = \frac{HW^H + LW^L}{2} \qquad (4-35)$$

二、模型推导

为简化计算，方便分析，特令 $\lambda = \mu = \nu = 0.5$，有 $\theta = \eta = \rho$。根据式（4-4）、式（4-10）、式（4-15）、式（4-20）以及劳动力市场及消费市场均衡条件式（4-32）～式（4-34）可得：

$$W^L = \frac{2P(L - \theta H)}{n(L + \theta H)} \qquad (4-36)$$

将式（4-11）、式（4-16）、式（4-21）代入式（4-3）得：

$$n = \frac{2(W^{L*} - W^L)}{b_F r_C + 2W^L \theta^{\frac{1}{2}}\left(\frac{b_M}{\alpha} + \frac{b_S}{\beta} + \frac{b_F}{\lambda}\right)} - b_M P_M^* - b_S P_S^* - b_F r_F^* \qquad (4-37)$$

将式（4-36）代入式（4-37）并整理可得表达式：

$$(b_F r_C - b_M P_M^* - b_S P_S^* - b_F r_F^*)n + \frac{4P(L-\theta H)}{n(L+\theta H)}$$

$$= 2W^{L*} - \frac{4P(L-\theta H)}{L+\theta H}\theta^{\frac{1}{2}}\left(\frac{b_M}{\alpha} + \frac{b_S}{\beta} + \frac{b_F}{\lambda}\right) \qquad (4-38)$$

由式（4-38）可得，出口复杂度的影响因素有：

$$n = n(L, H, P, \alpha, \beta, \gamma, r_C, P_M^*, P_S^*, r_F^*, W^{L*}, b_M, b_S, b_F) \qquad (4-39)$$

分别对式（4-38）关于以上14个变量求偏微分，令：

$$A = (b_M P_M + b_S P_S + b_F r_F)n^2/2 \qquad (4-40)$$

$$B = (b_M P_M^* + b_S P_S^* + b_F r_F^*)n^2/2 \qquad (4-41)$$

可知变量 A 与变量 B 分别表示国内和国外单位产品生产中非劳动力资本的投入成本，即：

$$C_C = A + W^L n \qquad (4-42)$$

$$C_D = B + W^{L*} n \qquad (4-43)$$

结合式（4-11）、式（4-16）、式（4-22）和式（4-36），14个变量的偏微分整理后可表示为：

$$\frac{\partial n}{\partial L} = -\frac{4\theta PH}{W^L(L+\theta H)^2} \frac{C_C}{\frac{b_F r_C n^2}{2} - B - W^L n} \qquad (4-44)$$

$$\frac{\partial n}{\partial H} = \frac{4\theta PL}{W^L(L+\theta H)^2} \frac{C_C}{\frac{b_F r_C n^2}{2} - B - W^L n} \qquad (4-45)$$

$$\frac{\partial n}{\partial P} = -\frac{nC_C}{P\left(\frac{b_F r_C n^2}{2} - B - W^L n\right)} \qquad (4-46)$$

$$\frac{\partial n}{\partial \alpha} = \frac{b_M P_M n^3}{2\alpha\left(\frac{b_F r_C n^2}{2} - B - W^L n\right)} \qquad (4-47)$$

$$\frac{\partial n}{\partial \beta} = \frac{b_S P_S n^3}{2\beta\left(\frac{b_F r_C n^2}{2} - B - W^L n\right)} \qquad (4-48)$$

第四章 产品内国际分工与产业升级理论研究

$$\frac{\partial n}{\partial \gamma} = \frac{b_F(r_F - r_C)n^3}{2\gamma\left(\frac{b_F r_C n^2}{2} - B - W^L n\right)} \tag{4-49}$$

$$\frac{\partial n}{\partial r_C} = \frac{b_F n^3}{2\left(\frac{b_F r_C n^2}{2} - B - W^L n\right)} \tag{4-50}$$

$$\frac{\partial n}{\partial P_M^*} = \frac{b_M n^3}{2\left(\frac{b_F r_C n^2}{2} - B - W^L n\right)} \tag{4-51}$$

$$\frac{\partial n}{\partial P_S^*} = \frac{b_S n^3}{2\left(\frac{b_F r_C n^2}{2} - B - W^L n\right)} \tag{4-52}$$

$$\frac{\partial n}{\partial r_F^*} = \frac{b_F n^3}{2\left(\frac{b_F r_C n^2}{2} - B - W^L n\right)} \tag{4-53}$$

$$\frac{\partial n}{\partial W^{L*}} = \frac{n^2}{\left(\frac{b_F r_C n^2}{2} - B - W^L n\right)} \tag{4-54}$$

$$\frac{\partial n}{\partial b_M} = \frac{(P_M^* - P_M)n}{\left(\frac{b_F r_C n^2}{2} - B - W^L n\right)} \tag{4-55}$$

$$\frac{\partial n}{\partial b_S} = \frac{(P_S^* - P_S)n}{\left(\frac{b_F r_C n^2}{2} - B - W^L n\right)} \tag{4-56}$$

$$\frac{\partial n}{\partial b_F} = \frac{(r_F^* - r_F)n}{\left(\frac{b_F r_C n^2}{2} - B - W^L n\right)} \tag{4-57}$$

其中，$b_F r_C n^2 / 2$ 表示单位产品生产所需的金融资本量，结合式（4-7）、式（4-34）和式（4-35），可整理为 $Pr_C - B - W^L n$，B 表示国外单位产品生产中非劳动力资本的投入成本，假设 $P > \frac{B + W^L n}{r_C}$，可得 n 对前 11 个外生变量的一阶偏导的正负情况如下：

$$n = n(L, H, P, \alpha, \beta, \gamma, r_C, P_M^*, P_S^*, r_F^*, W_L^*) \tag{4-58}$$

此时，熟练劳动力、各个部门的发展水平、存款利率以及国外各因素对出口复杂度的提升起到正的促进作用。反之，有：

$$n = n(\underset{+}{L}, \underset{-}{H}, \underset{+}{P}, \underset{-}{\alpha}, \underset{-}{\beta}, \underset{-}{\gamma}, \underset{-}{r_C}, \underset{-}{P_M^*}, \underset{-}{P_S^*}, r_F^*, W_L^*) P < \frac{B + W^L n}{r_C} \quad (4-59)$$

三、结论

在两部门模型中，熟练劳动力对发展中国家的产品复杂度具有明显的提升作用；在三部门模型中熟练劳动力对出口复杂度的提升作用取决于各部门非熟练劳动力和熟练劳动力的比值，非熟练劳动力的比例越小，熟练劳动力对出口品技术含量提升的作用越大；在四部门模型中，熟练劳动力对出口复杂度的作用方向取决于出口产品价格。

在两部门模型中非熟练劳动力不利于产品复杂度的提升；在三部门模型中，非熟练劳动力在出口价格低于一定水平的情况下会促进出口复杂度提升，当价格提高时，非熟练劳动力将表现为负作用；四部门模型中的结论与三部门模型保持一致。

在两部门模型和三部门模型中，发达国家生产性资本和服务性资本品价格对发展中国家的出口复杂度提升具有负作用；在四部门模型中，这一结论取决于出口产品的价格，随着出口产品价格的提高，发达国家的各价格因素对发展中国家的出口复杂度的影响由负转正。

在两部门模型中，反映服务发展水平的变量对出口复杂度的提升具有正向作用，即服务质量的改善有助于提升发展中国家的价值链位置。唐海燕（2009）的解释是服务要素的质量改善更偏重于从效率角度增强高端投入品的生产能力，进而为价值链提升创造条件。在四部门模型中，生产性资本生产部门发展程度、服务性资本生产部门发展程度以及金融部门发展程度对出口复杂度的提升同样取决于出口产品价格。

出于可操作性考虑，在出口复杂度影响因素实证分析中将选择部分变量进行实证检验，主要变量包括反映物质资本的代理变量、反映人力资本和技术资本的代理变量、反映服务性资本生产部门发展程度的代理变量以及反映金融发展程度的代理变量。

产品内国际分工与
中国制造业
产业升级
Chapter 5

第五章 中国制造业产业升级测度与分析

本书在第一章基本理论部分简要介绍了衡量产业升级的指标体系，本章在产品内国际分工模式下深入探讨中国产业升级的发展现状，从产品、行业和国家层面对产品内国际分工产业升级指标出口技术复杂度进行测度，定量分析中国制造业产业升级的现状。

第一节　中国制造业产业升级测度

自出口复杂度指标构建以来，国内外学者采用出口技术复杂度指标对各国的产品出口情况进行了测度与分析，近些年，中国经济的快速发展和中国作为"世界工厂"的特殊角色日益引起学界关注，国内外学者也将研究目标转向中国。通过对中国出口复杂度的测度，并与发达国家（地区）的技术复杂度进行横向对比分析，发现中国出口复杂度已经处在世界中等技术水平附近，显著高于同等发展水平的国家（Rodrik，2006；樊纲、关志雄、姚枝仲；2006）。本节侧重探讨以下问题：第一，分产品、行业和国家三个层面选取39个国家（地区）的细分HS-6位产品时间序列数据（11年约400万条数据）测度中国制造业的技术复杂度；第二，从39个国家（地区）中选取部分国家（地区），主要分为两类，即发达经济体和发展中经济体，测度并横向对比分析中国制造业各部门的技术复杂度。

一、研究方法

随着经济和产品内国际分工的深入发展，中国出口结构日益优化，而中国产业转型升级任重而道远。出口贸易升级的关键在于出口复杂度的提升。Hausmann、Hwang和Rodrik（2007）在研究一国出口产品的选择与贸易利益的动态关系的文章中提出计算一国出口复杂度的方法。三位学者认为出口复杂度与一国的经济发展水平（代理变量为人均 GDP）正相关，即对于某个特定产品而言，所有出口国收入水平的加权平均值越高，该产品的技术复杂度就越高。本节借鉴上述方法从三个维度对中国制造业各产品、各部门以及整个制造业的出口复杂度进行测度，具体步骤如下：

第一步，测度某种特定产品的技术复杂度，计算公式为：

$$PRODY_i = \frac{x_{i1}/x_1}{\sum_{c=1}^{n}(x_{ic}/x_c)} \cdot Y_1 + \frac{x_{i2}/x_2}{\sum_{c=1}^{n}(x_{ic}/x_c)} \cdot Y_2 + \cdots + \frac{x_{in}/x_n}{\sum_{c=1}^{n}(x_{ic}/x_c)} \cdot Y_n$$

$$= \sum_{c=1}^{n} \frac{x_{ic}/x_c}{\sum_{c=1}^{n}(x_{ic}/x_c)} \cdot Y_c \qquad (5-1)$$

其中，$PRODY_i$ 是某产品 i 的技术复杂度，x_{ic} 为国家 c 产品 i 的出口额，x_c 是国家 c 的出口产品总额，Y_c 是国家 c 的人均 GDP。$\frac{x_{ic}/x_c}{\sum_{c=1}^{n}(x_{ic}/x_c)}$ 表示权重，分子是国家 c 产品 i 在国家 c 所有出口产品中的份额，分母是所有出口产品 i 的国家在该国产品总出口中的份额之和，即 $PRODY_i$ 是产品 i 在总出口中的份额作为权重的所有出口产品 i 的国家人均 GDP 的加权平均值。

第二步，测度产业层面的出口复杂度，该指标是产品层面出口复杂度的加总：

$$PRODY\_ids_n = \frac{x_{1n}}{\sum_{i=1}^{m} x_{in}} \cdot PRODY_1 + \frac{x_{2n}}{\sum_{i=1}^{m} x_{in}} \cdot PRODY_2 + \cdots + \frac{x_{mn}}{\sum_{i=1}^{m} x_{in}} \cdot PRODY_m$$

$$= \sum_{i=1}^{m} \frac{x_{in}}{\sum_{i=1}^{m} x_{in}} \cdot PRODY_i \qquad (5-2)$$

其中，$PRODY\_ids_n$ 是一国 n 行业的出口复杂度，x_{in} 是该国 n 行业产品 i 的出口额，$\sum_{i=1}^{m} x_{in}$ 则为该国产品 i 所属的 n 部门的出口总额，$PRODY_i$ 是产品 i 的出口复杂度。

第三步,测算一国制造业整体的出口复杂度:

$$PRODY\_ctry = \frac{x_1}{\sum_{n=1}^{j} x_n} \cdot PRODY\_ids_1 + \cdots + \frac{x_j}{\sum_{n=1}^{j} x_n} \cdot PRODY\_ids_j$$

$$= \sum_{n=1}^{j} \frac{x_n}{\sum_{n=1}^{j} x_n} \cdot PRODY\_ids_n \qquad (5-3)$$

其中,$PRODY\_ctry$ 是一国制造业整体的出口复杂度,x_n 是某国 n 行业的出口额,$\sum_{n=1}^{j} x_n$ 则为该国制造业部门的出口总额,$PRODY\_ids_n$ 是该国 n 行业的出口复杂度。

二、样本及数据说明

为避免数据统计加总带来的差异性损失,更精准、细致地反映出口复杂度,本节采用 HS-02 版六位码细分标准,具体到制造业,该分类标准下有 4000 多个产品。本节利用 2002—2012 年联合国 COMTRADE 数据库提供的 152 个国家和地区(参见附表 2)的出口数据和世界银行 WDI(World Development Indicators)数据库提供的各国或地区经购买力平价后的人均 GDP 数据,利用式(5-1)计算了 4000 多个产品 11 年的技术复杂度水平。在计算产品技术复杂度的基础上,按照 2007 年投入产出表中提供的《海关统计商品分类与投入产出部门分类对照表》将 4000 多项产品分别对应到该分类表中,再将投入产出部门分类表对应到国民经济制造业各部门,形成制造业各产业出口数据,进而利用式(5-2)计算产业层面的技术复杂度。最后,在产业层面的技术复杂度基础上按照式(5-3)完成制造业整体技术复杂度的测算。

在行业的选择上,根据投入产出表对国民经济行业的划分标准以及数据的可获得性,将制造业划分为 15 个具体行业,分别是:食品制造及烟草加工业（部门1），纺织业（部门2），服装皮革羽绒及其制品业（部门3），木材加工及家具制造业（部门4），造纸印刷及文教用品制造业（部门5），石油加工、炼焦及核燃料加工业（部门6），化学工业（部门7），非金属矿物制品业（部门8），金属冶炼及压延加工业（部门9），金属制品业（部门10），通用、专用设备制造业（部门11），交通运输设备制造业（部门12），电气、机械及器材制造业（部门13），通信设备、计算机及其他电子设备制造业（部门14），仪器仪表及文化办公用机械制造业（部门15）。

在国家（地区）层面出口复杂度的测度上，本节忽略了一部分出口贸易量小、出口品种少或人均GDP较低的国家，在152个产品层面出口复杂度样本国家（地区）中选取了39个[①]具有代表性的国家和地区。这39个国家和地区既包含有发达经济体也包含有发展中经济体，地理位置涵盖了各个大洲。

第二节 中国制造业产业升级分析

一、中国出口复杂度的测度与分析——基于国内视角

（一）产品层面出口复杂度的测度与分析

根据式（5-1）得到2002~2012年4000多种产品的出口技术复

---

① 39个样本国（地区）及代码分别为：阿根廷（ARG）、澳大利亚（AUS）、奥地利（AUT）、比利时（BEL）、巴西（BRA）、加拿大（CAN）、智利（CHL）、中国（CHN）、中国香港（HKG）、哥伦比亚（COL）、捷克（CZE）、丹麦（DNK）、芬兰（FIN）、法国（FRA）、德国（DEU）、希腊（GRC）、匈牙利（HUN）、爱尔兰（IRL）、意大利（ITA）、日本（JPN）、马来西亚（MYS）、墨西哥（MEX）、荷兰（NLD）、新西兰（NZL）、挪威（NOR）、波兰（POL）、葡萄牙（PRT）、韩国（KOR）、俄罗斯（RUS）、新加坡（SGP）、斯洛伐克（SVK）、南非（ZAF）、西班牙（ESP）、瑞典（SWE）、瑞士（CHE）、泰国（THA）、土耳其（TUR）、英国（GBR）、美国（USA）。另外，由于中国台湾非联合国成员，Comtrade数据库中没有中国台湾的相关贸易数据，因此未被列入。

杂度。2002—2012年，各国和地区出口到世界的产品技术复杂度大体呈现上升趋势，其中，2012年较之2002年，在4000多种产品中97%以上的产品技术复杂度呈现不同程度的增长，出口复杂度平均增加了14136.28美元，增长幅度平均达108.22%。

但值得注意的是，具体到单个产品的技术复杂度水平、绝对增量以及增幅，可以发现，产品技术复杂度指数较高、增量较大、增幅较高的产品中，有一部分并非"技术"高的产品，而是资源性产品和传统意义上的劳动密集型产品，造成这一结果的主要原因是指标构建本身的问题。该指标假设技术复杂度与人均GDP正相关，因而指标构建为人均GDP的加权平均，并以出口占比作为权重，然而国际贸易的决定因素不仅仅只与人均收入水平相关，还有其他诸多因素相关，最主要的就是要素禀赋，即自然资源禀赋和人力资源禀赋，如某资源性产品仅产自北欧等高收入国家，那么势必该产品出口技术复杂度水平高。因此，确切地讲，技术复杂度中"技术"不仅包含科技，同时也包含自然资源和人力资本（Lall，2006；Hausmann et al.，2007）。因此，Lall（2006）、Schoot（2008）、Xu（2010）对该指标的可信度进行验证，发现出口复杂度与人均GDP的相关性在80%左右，因此，虽然说出口复杂度不是一个完美的指标，但却是一个有效的指标（Xu，2010）。

（二）基于部门层面的中国出口复杂度的分析

1. 中国制造业各部门技术复杂度的变化趋势分析

根据式（5-2）将产品层面的复杂度加总到行业层面，得到了中国制造业各部门的技术复杂度指数（见表5-1）。

表5-1　　2002—2012年中国制造业分行业出口到世界的

技术复杂度及其增幅　　　　单位：万美元,%

部门	2002年	2005年	2008年	2012年	变化量	增幅
部门1	1.2199	1.9782	2.7179	2.6659	1.4460	118.5306
部门2	1.0781	1.7070	2.3061	2.1960	1.1179	103.6946

续表

部门	2002年	2005年	2008年	2012年	变化量	增幅
部门3	0.9555	1.8391	2.7427	2.6226	1.6671	174.4648
部门4	1.4355	2.1342	2.9108	2.7682	1.3327	92.8378
部门5	1.5703	2.3702	3.1444	3.2422	1.6719	106.4645
部门6	1.1892	1.8522	2.6328	3.1184	1.9292	162.2233
部门7	1.6541	2.3686	3.2242	3.0732	1.4191	85.7925
部门8	1.2517	1.9137	2.7647	2.4699	1.2182	97.3189
部门9	1.3899	1.9698	2.8864	3.1570	1.7671	127.1458
部门10	1.3866	1.9860	2.6860	2.5789	1.1922	85.9827
部门11	1.9570	2.6768	3.4927	3.5329	1.5759	80.5243
部门12	1.5579	2.2246	2.8153	2.8520	1.2941	83.0634
部门13	1.5567	2.1506	2.8068	2.8162	1.2596	80.9138
部门14	1.5867	2.1125	2.4652	2.6048	1.0181	64.1685
部门15	1.9980	2.2307	2.5797	2.9169	0.9189	45.9903

注：增幅指的是2002—2012年的增长幅度。

资料来源：根据UN COMTRADE数据库和世界银行WDI数据库公布的数据及式(5-2)计算得到。

由表5-1可知，2002—2012年，中国制造业各部门的出口复杂度均呈现出上升趋势。从行业间出口复杂度绝对量的横向对比来看，部门11（通用、专用设备制造业）在样本时间段内指标值均高于其他部门，始终处于领先水平；部门15（仪器仪表及文化办公用机械制造业）也基本保持在高位；而部门5（造纸印刷及文教用品制造业）、部门6（石油加工、炼焦及核燃料加工业）和部门9（金属冶炼及压延加工业）体现了一定的后发优势，在2012年后站上高点。从各部门出口复杂度指标增幅来看，在样本时间段内，增幅最大的是部门3（服装皮革羽绒及其制品业），其值达到了174.5%；其次是部门6（石油加工、炼焦及核燃料加工业），增幅为162.2%，部门9（金属冶炼及压延加工业），增幅为127.1%。增长幅度最小的是部门15（仪器仪表及文化办公用机械制造业），仅46%；其次是部门14

（计算机及其他电子设备制造业），增幅为 64.2%。

2. 基于出口复杂度的中国制造业部门技术分类

Lall（2000）将生产要素投入、研发投入、进入壁垒等因素纳入分析，把 SITC 分类标准下的 300 多种产品按照技术构成分为五大类，分别是初级产品（PP）、资源型产品（RB）、低技术制成品（LT）、中等技术制成品（MT）和高技术制成品（HT）。具体分类标准见表 5-2。

表 5-2　　　　Lall（2000）关于出口产品的技术分类

初级产品		PP	新鲜鱼类、肉类、大米、可可、茶叶、咖啡、木材、煤炭、原油、天然气等
资源性产品	RB1	农林加工产品	经加工的肉类鱼类、饮料、木制品、植物油等
	RB2	其他资源型产品	金属精矿、石化产品、水泥、玻璃、石材等
低技术制成品	LT1	纺织服装产品	纺织产品、衣物、皮革制造、箱包等
	LT2	其他低技术产品	陶瓷、金属铸件、家具、珠宝、玩具、塑料制品等
中等技术制成品	MT1	汽车工业产品	汽车及配件、摩托车及配件等
	MT2	中技术加工产品	合成纤维、化工制品、颜料、合成肥料、钢、塑料、管道制品等
	MT3	工程机械产品	引擎、制造业机器设备、水泵、轮船、钟表、常用家电等
高技术制成品	HT1	电子电力产品	办公自动设备、视屏接收发送器、发电机等
	HT2	其他高技术产品	制药业、航空设备、精密光学仪器等

资料来源：根据 Lall（2000）的研究整理而得。

樊纲、关志雄和姚枝仲（2006）则根据显示技术增加值的高低，将全部可贸易产品按技术水平划分为四档。他们设定高技术产品为技术增加值指数在 0.75~1 之间的产品，中等偏上技术产品为技术增加值指数在 0.5~0.75 之间的产品，中等偏下技术产品为技术增加值在

0.25~0.5之间的产品,低技术产品为技术增加值列于0~0.25之间的产品。鉴于出口复杂度在过去10年间得到了快速增长,樊纲等人在2006年的研究中制定的分类标准已经不适用于现如今的分析,因此本节在综合考虑文献研究和2002—2012年制造业各部门出口复杂度指数平均水平的基础上,将中国15个部门分为低技术复杂度部门、中等技术复杂度部门和高技术复杂度部门三个等级。但分类标准有所提高,即低技术复杂度部门的技术复杂度指数在样本年间平均值为2万美元以下,平均值在2万美元到2.5万美元之间的为中等技术复杂度部门,平均值大于2.5万美元的为高技术复杂度部门。分类结果见表5-3。

表5-3 按照出口复杂度划分的中国制造业各部门技术分类

部门分类	行业名称	平均值
低技术复杂度部门	纺织业	1.7895
中等技术复杂度部门	食品制造及烟草加工业	2.1835
	服装皮革羽绒及其制品业	2.0131
	木材加工及家具制造业	2.3956
	石油加工、炼焦及核燃料加工业	2.2766
	非金属矿物制品业	2.1716
	金属冶炼及压延加工业	2.4266
	金属制品业	2.2549
	交通运输设备制造业	2.3920
	电气、机械及器材制造业	2.3864
	通信设备、计算机及其他电子设备制造业	2.2097
	仪器仪表及文化办公用机械制造业	2.4764
高技术复杂度部门	造纸印刷及文教用品制造业	2.6694
	化学工业	2.6447
	通用、专用设备制造业	2.9810

资料来源:作者根据计算结果整理。

(三) 中国制造业整体出口复杂度的分析

根据式（5-3）进一步测度出中国制造业整体的出口复杂度（见图4.1）。

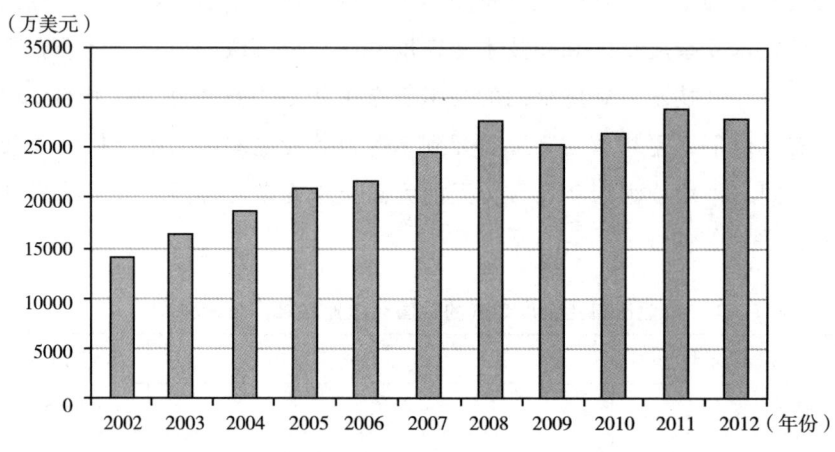

图 5-1 基于国家层面的中国制造业出口复杂度

资料来源：根据 UN Comtrade 数据库和世界银行 WDI 数据库公布的数据及式(5-3)计算得到。

图5-1呈现的是2002—2012年中国制造业整体出口复杂度走势。在2008年之前，中国制造业整体的出口复杂度稳中有升，增长平稳，2008年出现极值，达到27856.85美元；2009年全球性金融危机爆发，国际市场萧条，我国出口贸易受阻，制造业出口复杂度较之2008年有所回落，跌至25385.58美元；2011年全球经济出现回暖迹象，我国制造业出口复杂度也再次站上历史高点，达到29083.44美元；2012年较之2011年虽有回落，但仍略高于金融危机之前的最高值。

综上所述，本节从产品、行业和国家三个层面探讨了中国制造业的出口复杂度。通过测算发现，2002—2012年，中国各层面的出口复杂度增长进程虽有波动，但总体情况向好，展现出长期向上的趋势。

二、中国出口复杂度发展水平研究——基于国际视角

前面基于国内视角对中国出口复杂度从产品、部门和行业整体进行了测算与分析，主要从时间序列角度研究了在过去11年间中国出口复杂度的走势及原因，得出中国出口复杂度在各部门间表现有所不同，且容易受到经济冲击而表现出局部波动，但总体呈现上升趋势这一结论。下面的分析将立足国际视角，通过比较中国出口复杂度与发达国家、发展中国家的相同点、异同点以及排名情况，探讨中国出口复杂度在国际市场中的发展程度，以清晰定位中国出口复杂度所处的发展阶段，从而判断我国制造业以及制造业各部门的发展现状，为进一步提升产业竞争力，实现产业升级提供现实依据。

具体而言，首先本节将对中国制造业各部门的出口复杂度进行国际排名，以了解中国制造业发展总体情况；其次将制造业各部门发展程度以及内部结构与主要发达国家——本节选取美国和日本进行对比分析，以判断哪些行业是中国的落后行业以及短板行业；最后分析制造业总体的发展情况以及与发达国家的差距。

（一）中国制造业各部门发展程度分析

根据式（5-1）和式（5-2）计算了39个样本国家和地区的制造业15个部门的出口复杂度，数据来源及数据处理过程同前所述。计算结果及中国排名见表5-4、表5-5。

表5-4　2012年各国家和地区各部门出口复杂度指数（1）　单位：万美元

	部门1	部门2	部门3	部门4	部门5	部门6	部门7	部门8
ARG	1.9391	2.2732	2.0144	2.9465	3.1874	3.5191	3.4444	2.7202
AUS	3.5676	3.3595	3.3160	2.7894	3.8739	3.0898	4.1889	2.9849
AUT	3.4033	2.7202	2.8310	3.4669	3.8345	3.2176	4.0428	3.1692
BEL	3.2599	2.5587	2.8603	2.9593	3.4578	3.2043	3.9215	2.9322

续表

	部门1	部门2	部门3	部门4	部门5	部门6	部门7	部门8
BRA	1.9638	2.4386	2.5885	2.7514	2.4439	3.1413	3.1504	2.2960
CAN	3.6077	2.8154	3.0716	3.4905	3.9093	3.3067	3.5183	3.0262
CHL	2.7918	2.2598	2.6777	3.3377	3.1145	3.1927	2.4704	2.7210
CHN	2.6659 (33位)	2.1960 (39位)	2.6226 (32位)	2.7682 (24位)	3.2422 (24位)	3.1184 (33位)	3.0732 (27位)	2.4699 (33位)
HKG	3.1416	2.5603	2.8681	2.7338	3.4241	3.1223	3.3150	3.5236
COL	2.2559	2.2638	2.6800	2.7642	2.9199	3.0622	3.1334	2.4726
CZE	3.1526	2.5773	2.6441	2.6581	3.3267	3.0680	3.0603	2.7986
DNK	3.5922	2.6137	2.8241	2.9443	3.3878	3.2112	4.2099	3.2980
FIN	3.5247	3.0581	2.9610	3.8979	4.1621	3.2424	3.6902	3.1977
FRA	3.2856	2.7381	3.0453	2.8616	3.5332	3.3591	3.8021	3.0349
DEU	3.3107	2.6883	2.8100	2.9966	3.5556	3.2691	3.7851	3.0124
GRC	2.7392	2.4063	2.5396	2.9130	3.1550	3.2014	3.6069	2.2476
HUN	2.7582	2.4953	2.5614	2.4587	3.0385	3.0869	3.4085	2.7027
IRL	3.7186	2.7050	2.9949	3.3121	3.4510	3.2352	4.6078	3.1012
ITA	3.0838	2.7438	2.9118	2.8463	3.5057	3.2327	3.7027	2.4666
JAN	3.0736	2.7214	2.9227	2.1565	3.4112	3.0904	3.5397	3.5070
MYS	1.7817	2.3162	2.6497	2.5901	3.0312	3.1058	2.5802	2.7444
MEX	2.9432	2.4646	2.5772	2.2618	3.2247	3.2547	3.0640	2.5928
NLD	3.1757	2.6067	2.8489	2.8638	3.4749	3.2596	3.6354	3.1917
NZL	3.6831	3.5299	2.9390	3.8107	3.8033	3.1324	3.7546	3.0458
NOR	5.2376	2.9637	3.1436	3.0601	4.2988	3.3616	5.0314	4.1391
POL	3.1261	2.4876	2.6995	2.6254	3.1490	2.7752	3.0438	2.7710
PRT	2.9461	2.3405	2.7360	2.4534	2.7524	3.2176	3.0530	2.4341
KOR	2.9317	2.3719	2.7497	2.2447	3.7265	3.1870	3.0567	2.8704
RUS	2.7745	2.6288	2.5897	3.8426	3.5784	3.1834	2.9892	2.8439
SGP	3.3984	2.8369	3.0424	2.8603	3.7767	3.2310	3.9359	3.2886
SVK	2.8761	2.5120	2.6501	2.7885	2.9211	3.2308	2.8794	2.5415
ZAF	2.6965	2.3921	2.7664	2.4215	3.2217	3.2669	2.7802	2.7578
ESP	2.9903	2.5063	2.8263	2.7978	3.2358	3.2474	3.6322	2.4874

续表

	部门1	部门2	部门3	部门4	部门5	部门6	部门7	部门8
SWE	3.6059	2.7355	2.8544	3.5519	3.9303	3.2280	3.9488	3.0352
CHE	3.6213	2.7993	3.0352	3.0370	3.7998	3.1955	5.0202	3.8068
THA	2.0166	2.3124	2.5615	2.2814	2.9227	3.1929	2.6627	2.4478
TUR	2.3989	2.2525	2.6307	2.6874	3.0122	3.2634	2.9424	2.2981
GBR	3.5332	2.7364	2.8840	2.9202	3.4951	3.2673	4.0360	3.1600
USA	3.2006	2.6789	3.0304	2.7514	3.5886	3.2440	3.7323	3.2644

资料来源：作者根据计算结果整理。

表5-5　2012年各国家和地区各部门出口复杂度指数（2）　单位：万美元

	部门9	部门10	部门11	部门12	部门13	部门14	部门15
ARG	3.0657	2.9101	3.4964	2.3477	3.0057	2.3396	3.5498
AUS	3.9233	3.0836	3.9896	3.4056	3.1863	2.9657	4.2444
AUT	3.4143	3.1931	3.5907	3.2130	3.1564	2.8993	4.1254
BEL	3.2034	3.0678	3.8408	2.8686	2.9741	2.6999	4.0495
BRA	2.7232	2.7800	3.2643	3.0548	2.9781	2.8242	3.3220
CAN	3.7237	3.0286	3.7184	3.6522	3.1259	2.8499	3.8744
CHL	2.0246	2.7350	3.6182	3.1052	2.7458	2.5995	4.5451
CHN	3.1570（17位）	2.5789（38位）	3.5329（27位）	2.8520（27位）	2.8162（32位）	2.6048（30位）	2.9169（38位）
HKG	3.0848	3.0044	3.8718	3.4580	3.2834	2.8399	4.1331
COL	1.5328	2.7681	3.6675	2.9545	2.4458	2.9828	3.9094
CZE	2.9296	2.8913	3.4654	2.6899	2.8662	2.5609	3.5134
DNK	3.2220	3.1744	3.9895	3.1806	3.5332	2.9218	4.0729
FIN	3.6244	3.1318	3.9329	3.5578	3.4127	2.7948	4.0717
FRA	3.3422	2.9932	3.7461	3.2730	3.1274	2.9213	4.2966
DEU	3.1951	3.1497	3.7328	3.1596	3.1488	2.8006	4.0140
GRC	3.0106	2.9278	3.5016	3.3254	2.9647	2.7810	4.0590
HUN	3.1202	2.9208	3.1454	2.7406	2.8729	2.6246	3.0415
IRL	4.3341	3.2452	4.4495	3.5927	3.4340	2.5822	4.1865
ITA	3.1814	3.0478	3.6986	3.1119	2.9956	2.7767	4.0326

续表

	部门9	部门10	部门11	部门12	部门13	部门14	部门15
JAN	3.1135	3.2627	3.7833	3.1696	3.1932	3.0134	3.5635
MYS	2.9094	2.7756	3.7113	2.9399	2.8735	2.8177	3.3806
MEX	2.7897	2.7610	3.4695	2.7219	2.6526	2.3788	3.2876
NLD	3.3006	3.1884	4.0605	3.1567	3.1041	2.7505	3.9593
NZL	3.1449	3.0189	3.9904	3.4862	3.0783	3.0312	4.0279
NOR	4.4998	3.0980	4.2049	3.5187	3.3753	2.8907	4.3737
POL	2.6893	2.7883	3.3338	2.6686	2.6163	2.3278	3.5607
PRT	2.6120	2.8466	3.4167	2.7640	2.8616	2.2212	3.8519
KOR	3.0462	2.9631	3.6305	2.7922	2.9088	2.7874	2.6443
RUS	2.9563	2.5606	3.5705	2.9142	3.0501	3.1444	3.8696
SGP	3.1326	3.3012	4.0872	3.5007	3.3581	2.9480	4.2674
SVK	2.9463	2.7795	3.3119	2.6475	2.6591	2.5884	3.1480
ZAF	2.1827	2.8076	3.0435	2.5197	3.0251	2.7947	3.4442
ESP	3.0383	3.0206	3.5670	2.7693	3.1142	2.8346	3.9848
SWE	3.5524	3.4410	3.9231	3.1571	3.1439	2.7137	4.0781
CHE	3.2892	3.3957	4.3411	3.4784	3.4893	3.0605	6.3347
THA	2.4143	2.8357	3.2078	2.2812	2.4909	2.4837	3.1587
TUR	2.3303	2.8032	3.3930	2.4963	2.5117	2.7864	3.6618
GBR	3.1612	3.2348	3.7531	3.1643	3.2221	2.8554	4.1600
USA	3.3114	3.0985	3.8753	3.2173	3.1402	2.8077	3.9865

资料来源：作者通过公式计算并加以整理。

为增强对比分析的说服力，本节选取的39个国家（地区）既包括发达国家也包括新兴经济体和发展中国家，遍布各大洲。从表5-4、表5-5发现，我国除部门9（金属冶炼及压延加工业）排名居中外，其他部门基本处于倒数行列，食品制造及烟草加工业排名33位，纺织业排名末位，服装皮革羽绒及其制品业排名32位，木材加工及家具制造业位列24位，造纸印刷及文教用品制造业排名24位，石油加工、炼焦及核燃料加工业排名33位，化学工业排名27位，非金属矿物制品业排名33位，金属制品业排名38位，通用、专用设备制造业排名27位，交通运输设备制造业排名27位，电气、机械及器材制造业排名32位，通信设备、计算机及其他电子设备制造业排名30位，仪器仪表及文化办公用机械制造业排名38位。由此可见，一些行业，如造纸印刷及文教用品制造业，化学工业，通用、专用设备制造业，在国内表现优秀，取得了良好发展，但仍与国际水平存在较大差距，远落后于上述样本国家（地区）发展水平。因此中国制造业产业升级任重而道远。

为进一步分析中国同发达国家的距离，从样本国家（地区）中选取日本和美国作为参照国，研究中国与发达国家的数量和结构差距（见图5-2）。

由图5-2可知，2002—2012年中国、日本和美国的制造业各部门出口复杂度均呈现不同程度的增长。其中，中国绝对量增加最快的行业是石油加工、炼焦及核燃料加工业（部门6），增加19291.78美元，紧随其后的是金属冶炼及压延加工业（部门9）和造纸印刷及文教用品制造业（部门5），分别增加17671.38美元和16718.59美元；增幅最大的是服装皮革羽绒及其制品业（部门3），增长174.46%，其次是石油加工、炼焦及核燃料加工业（部门6）和金属冶炼及压延加工业（部门9），分别增长162.22%和127.15%。日本绝对增量和相对增幅最大的石油加工、炼焦及核燃料加工业（部门6），增加18280.07美元，增长144.81%，日本增量排名第二的是非金属矿物制品业（部门8），增加16790.45美元，增长91.85%，增幅排名第二的是服装皮革羽绒及其制品业（部门3），增长114.05%，排名第三的是金属冶炼及压延加工业（部门9），增长99.09%。美国2002—2012年发展最快的是造纸印刷及文教用品制造业（部门5），增加16933.38美元，增长89.34%；其次是服装皮革羽绒及其制品业（部门3），增加16628.86美元。增幅最大的是服装皮革羽绒及其制品业（部门3），增长121.6%；其次是炼焦及核燃料加工业（部门6），增长101.08%。

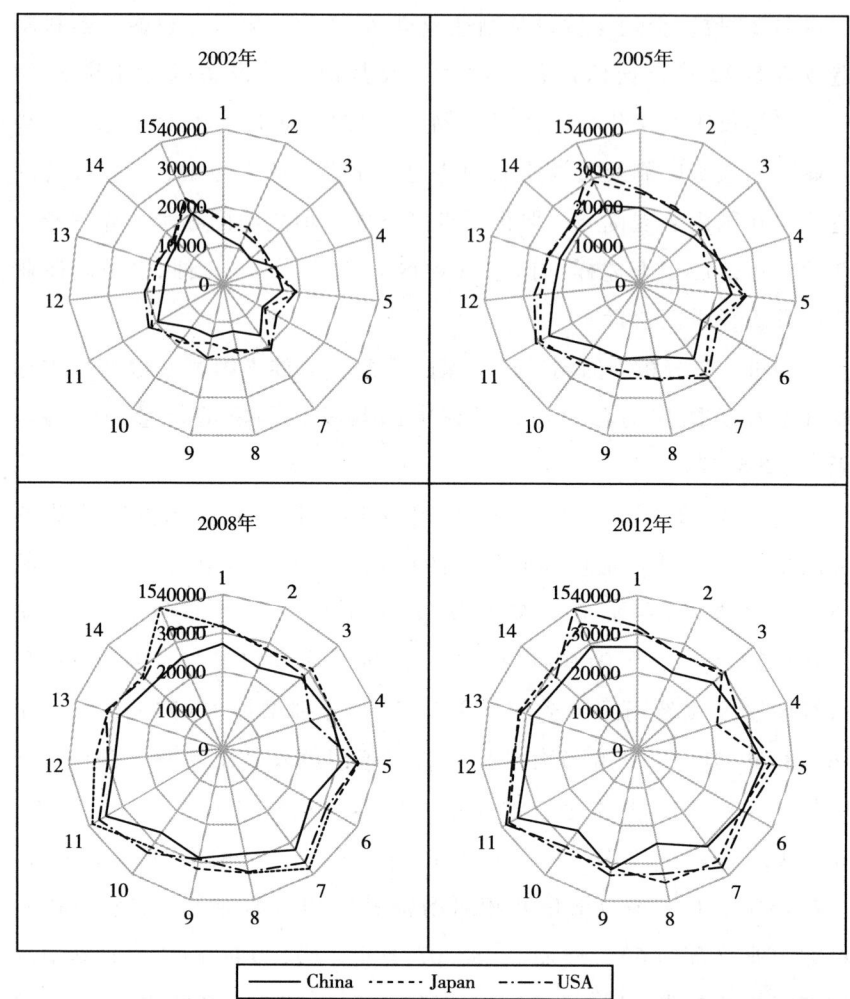

图 5-2　2002—2012 年中国、日本和美国制造业各部门出口复杂度

资料来源：作者根据计算结果制作而成。

综上所述，各个国家和地区发展较快较好的集中在少数几个行业，且中国与日本和美国的行业发展具有一定的相似性，即服装皮革羽绒及其制品业（部门3），石油加工、炼焦及核燃料加工业（部门6），金属冶炼及压延加工业（部门9）三个行业在中国、日本和美国都得到了较好的发展，增量或增幅变化显著。中国出口复杂度与发达国家近似协同的增长，一方面表明中国出口结构正在与世界接轨，与发达经济体接轨，出口结构日趋合理；另一方面也表明，中国作为"世界工厂"，已融入全球一体化进程，作为全球价值链上的一环，中国生产并出口的产品必定是满足市场和客户需求的产品，因此在结构上表现为趋同性。

在中国出口复杂度指标增长、结构日益合理的同时，中国与发达国家仍有很大差距。由图 5-2 可知，木材加工及家具制造业（部门 4）实现了赶超日本、美国，但是部门 4 的生产受限于自然资源存量，对环境产生较大负面影响，这种以牺牲环境为代价的发展具有不可持续性。除此之外，其他行业基本都在日本和美国两个发达国家的包围之中，具体说来，石油加工、炼焦及核燃料加工业（部门 6）、金属冶炼及压延加工业（部门 9）在 2012 年超过日本，但距离美国发展水平还有一定差距，而非金属矿物制品业（部门 8）、金属制品业（部门 10）和仪器仪表及文化办公用机械制造业（部门 15）与日本和美国的差距逐年拉大。这一点也可以通过日本、美国与中国制造业各部门技术复杂度差值走势（见图 5-3）来反映。图 5-3 中曲线表示日本与中国、美国与中国制造业各部门分别在 2002 年和 2012 年的出口复杂度绝对差值，因此曲线越接近 0 值，表明中国与这两个发达国家的出口复杂度差距越小。2012 年较之 2002 年，显然，部门 4、

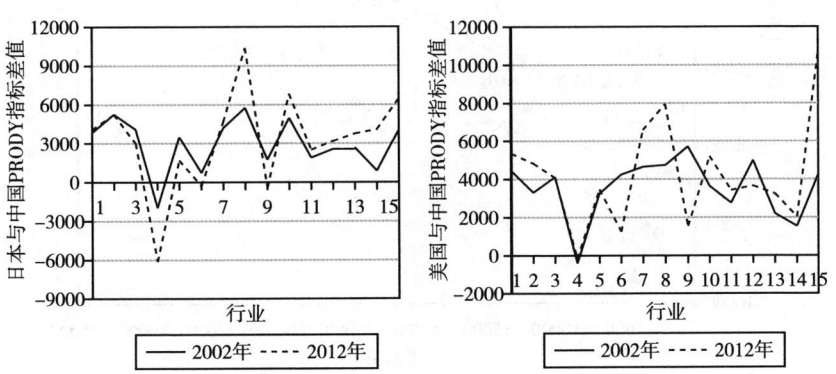

图 5-3　日本、美国与中国制造业各部门技术复杂度差值走势

资料来源：作者根据计算结果制作而成。

部门6和部门9的这种差距逐渐缩小,甚至出现赶超,而部门8、部门10和部门15的差距却在扩大,其这种扩大趋势在日本和美国同步发生。这种"产业锁定"受到经济发展水平、人力资本、产品内国际分工以及金融等配套服务设施的影响,在短期内难以改变。

(二) 中国制造业整体发展程度分析

根据式(5-1)、式(5-2)和式(5-3)计算了39个样本国家和地区的制造业整体出口复杂度,数据来源及数据处理过程同前所述。

图5-4提供了2002年中国和其他38个样本国家和地区的制造业出口技术复杂度,发现中国制造业出口技术复杂度排位居末尾10

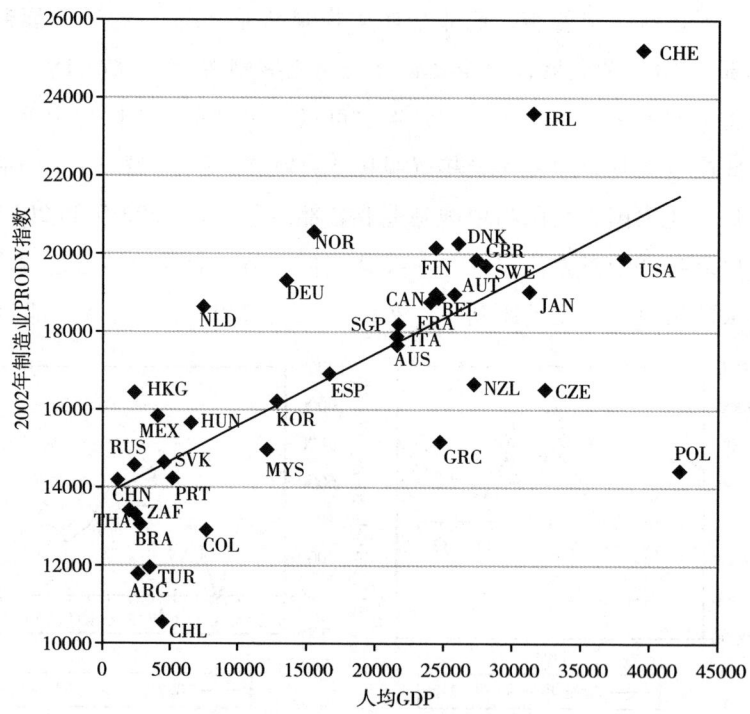

图5-4 2002年各个国家和地区制造业技术复杂度指数与人均GDP的比较

资料来源:作者根据计算结果制作而成。

位,仅高于泰国、南非、巴西、哥伦比亚、土耳其、阿根廷和智利,低于马来西亚等新兴经济体,中国显然列属于发展中国家阵营,与发达国家(地区)有明显差距。

图 5-5 提供了 2012 年中国和其他 38 个样本国家和地区的制造业出口技术复杂度,发现中国及其他 38 个样本国家和地区的制造业出口技术复杂度较之 2002 年有大幅增长,但中国的排名仅上升一位,超过马来西亚,位列倒数第九,与发达国家(地区)差距依然存在。

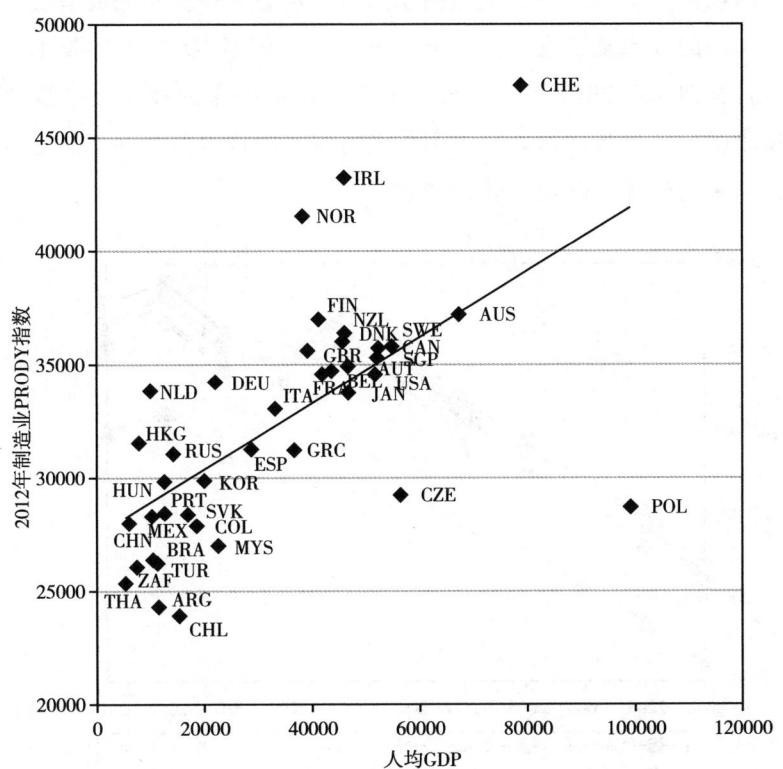

图 5-5　2012 年各个国家和地区制造业技术复杂度指数与人均 GDP 的比较

资料来源:作者根据计算结果制作而成。

此外,观察各国出口技术复杂度与其人均 GDP 的拟合线,发现中国在 2002 年位于拟合线上方,这意味着中国制造业技术复杂度确实略高于中国人均 GDP 水平，存在"Rodrik 悖论"，但高于程度不明显。到 2012 年，中国已经位于拟合线下方，即不存在"Rodrik 悖论"。

中国与主要发达国家出口复杂度走势比较分析见图 5－6。图 5－6清晰地显示了中国制造业出口复杂度与发达国家的差距变化轨迹。从图形走势上看，中国与其他主要发达国家的技术复杂度指数在 2008 年之前呈现逐年上升趋势，2009 年金融危机爆发，技术复杂度指数转而向下，2010 年出现小幅回升后，2012 年又转而下行。在整个时间段内，中国与主要发达国家的指数走势保持了相同的节奏。但是，中国的技术复杂度远低于美、英、法、德等 G7 国家的技术复杂度，且在 2002—2012 年中国与 7 个主要发达国家的技术复杂度差距呈现小幅扩大趋势，这表明中国与发达国家的技术差距并不是绝对收敛，未来的升级之路仍然非常严峻。

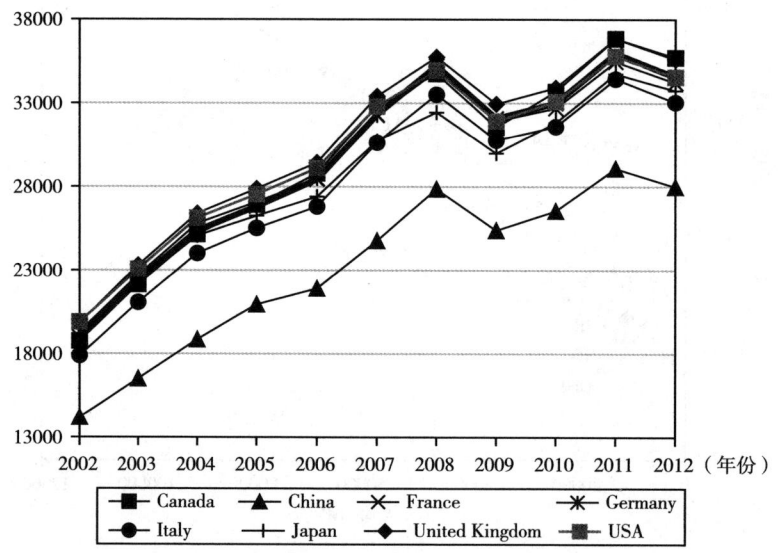

图 5－6　2002—2012 年中国与主要发达国家出口复杂度差距的比较

资料来源：作者根据计算结果制作而成。

产品内国际分工与
中国制造业
产业升级
Chapter 6

第六章 制造业产业升级影响因素的实证研究

产品内国际分工与中国制造业产业升级

产品内国际分工的出现使生产实现了不同工序或区段的跨区或跨国性的生产。在产品内国际分工模式下，生产流程被分割成若干阶段，从而形成全球价值链。全球价值链根据增加值的高低又可分为价值链高端环节和价值链低端环节，其中高端环节主要包括研发、设计、营销以及核心部件生产等，低端环节主要包括原材料供应、加工组装以及简单部件生产。但是这种基于比较优势的分工模式，决定了发达国家凭借自身技术和资本优势，处于价值链的高端环节，获取较高的增加值；而发展中国家则依靠自然资源、廉价劳动力等优势要素参与国际分工，处于价值链的低端环节。纵然参与产品内国际分工有利于具有不同规模经济的特定环节生产实现各自的规模经济，有利于各国要素禀赋得到最合理的配置，有利于增加就业机会，有利于增加出口等好处。然而对于发展中国家来说，参与全球价值链更重要的是借助分工合作的知识转移和技术溢出效应来提高技术水平和改善分工地位，实现价值链位置由低端向高端跨越的最终目标，否则就会落入分工"陷阱"，被锁定在全球价值链的低端环节。然而，参与产品内国际分工并不意味着价值链环节和分工地位的必然提升，这与当地的吸收能力，包括基础设施、人力资本、服务体系以及制度环境等密切相关。近年来，国内外学者对国际贸易问题的研究重点从出口规模转向了产品质量和出口结构，使关于出口复杂度研究开始成为国际贸易领域的热点。出口复杂度的提升是一国国际竞争力增强的体现，其决定因素是什么？如何才能提升出口复杂度？产品内国际分工与出口复杂度又是什么关系？本章在 Hausmann 的理论框架下建立计量模型，并通过细分发达国家与发展中国家、半成品与零部件等关键变量，采用静态面板和系统 GMM 方法，以 2002—2012 年 39 个国家和地区的跨国数据对影响价值链提升的因素进行实证研究以探究在产品内国际分工模式下影响产业升级的各因素，为发展中国家进一步提高价值链增加值、实现产业升级提供理论依据。

第六章 制造业产业升级影响因素的实证研究

第一节 模型设定的基本思想与变量说明

一、模型设定的基本思想

比较优势理论认为每个国家（地区）都应生产并出口其具有比较优势的产品，因而一国的出口商品能够真实反映一国的要素禀赋和技术水平。广义的要素禀赋包括自然资源、劳动力、物质资本、知识资本和制度等（Hausmann et al., 2007）。丰富的自然资源不利于经济的长期增长和技术水平的提升（Sachs and Warner, 1995、1997、2001）；自然资源丰富的国家（地区）由于可以方便地使用低成本自然资源，从而降低了工人积累技术和人力资本的动力，延缓了产业化进程（Leamer, 1999）。Hausmann 等（2007）在分析出口技术水平的影响因素时，发现各国陆地面积的对数具有显著的负效应，但其并未做出说明和解释。劳动力和物质资本是经济增长模型中的核心变量。新增长理论强调了知识资本是经济长期增长的源动力，是创新与技术进步的重要影响因素。知识资本既可能源于自身的知识创造，也可以通过参与国际分工和贸易，获得技术的转移与扩散。教育和研发能够直接促进知识资本积累，是自主创新和知识创造的重要因素（Ascari and Dicosmo, 2005）。FDI 是技术溢出的重要渠道，FDI 通过示范效应、竞争效应等直接促进东道国企业进行研发和创新。中国的外资企业比内资企业生产和出口相对复杂的产品，并且外资企业也可能通过对内资企业的技术溢出间接地提高中国出口产品的技术复杂性（Wang and Wei, 2007）。制度质量和政府政策也是要素禀赋的组成部分，良好的制度和高效政府效率可以改变一国的比较优势，提高资源的使用效率。Rodrik（2006）认为，中国出口的成功与政府行为有关，政府政策有利于培育在消费性电子产品和其他高端技术领域的生产能力。Hausmann 等（2007）在分析出口技术水平的影响因素时，发现制度指标的回归系数并不显著。

二、模型设定

基于以上分析和第三章对产品内国际分工与产业升级的内在机理的研究，本节将通过实证分析进一步检验国家价值链升级的影响因素，根据理论假说以及 Khan 和 Sokoloff（2004）、Allen（2005）、唐海燕（2009）、祝树金（2010）等人的研究，建立如下计量模型：

$$\ln PRODY_{it} = \beta_0 + \beta_1 \cdot \ln\left(\frac{K_{it}}{L_{it}}\right) + \beta_2 \cdot \ln AREA_{it} + \beta_3 \cdot RD_{it} + \beta_4 \cdot FDI_{it}$$
$$+ \beta_5 \cdot I_{it} + \beta_6 \cdot BANK_{it} + \beta_7 \cdot \ln VSS_{it} + \upsilon_i + \mu_t + \varepsilon_{it} \quad (6-1)$$

其中，i 代表国家或地区，t 代表时间；υ_i、μ_t 分别表示截面与时间固定效应，控制所忽略的国家和时间层面因素的影响；ε_{it} 是随机误差项，与 υ_i、μ_t 以及解释变量都不相关。式（6-1）中 ln 表示相应变量取对数。

被解释变量 $PRODY_{it}$ 为出口复杂度，采用 Hausmann、Hwang 和 Rodrik（2007）提出的指标反映一国出口产品的技术水平，间接反映一国产业升级情况；$\left(\frac{K_{it}}{L_{it}}\right)$ 表示 i 国或地区在 t 时期的资本劳动比，$AREA_{it}$ 表示 i 国或地区在 t 时期的人均陆地面积，这两个指标主要反映一个国家的物质资本、劳动资本和自然资源的要素禀赋，其中，物质资本以总的资本形成来表示（祝树金，2010）；RD_{it} 表示研发支出占 GDP 的比重，反映一国或地区的技术禀赋，在一定程度上反映国家的知识资本积累程度；FDI 表示各个国家或地区引进的外商直接投资的存量占 GDP 的比重，反映一个国家的对外开放程度和外资引进政策；I_{it} 表示制度因素，以法律规则指标来衡量；$BANK_{it}$ 表示银行部门信贷占 GDP 的比重，反映金融服务水平；VSS_{it} 表示中间产品进出

第六章 制造业产业升级影响因素的实证研究

口占总进出口额的比重,反映各国或地区的垂直专业化程度。

三、变量解释与说明

上述模型中有两个关键性指标:一是被解释变量 $PRODY_{it}$,二是解释变量 VSS_{it}。其中一国制造业整体的出口复杂度测算公式如下:

$$PRODY\_ctry = \sum_{n=1}^{j} \frac{x_n}{\sum_{n=1}^{j} x_n} \cdot PRODY\_ids_n \qquad (6-2)$$

其中,$PRODY\_ctry$ 是一国制造业整体的出口复杂度,x_n 是某国 n 行业的出口额,$\sum_{n=1}^{j} x_n$ 则为该国制造业部门的出口总额,$PRODY\_ids_n$ 是该国 n 行业的出口复杂度[①]。本章采用的是 2002—2012 年按照 HS02 的 6 位码分类的 39 个国家或地区出口产品数据来计算各国或地区的出口复杂度,在此分类标准下,共有 4000 多种产品,因出口年份不同而有所差异。

关于产品内国际分工强度的衡量指标,文献中常见的有四种:一是用进口中间品占进口总量的比重进行度量(Yeats,2001);二是采用进口中间品占中间投入品总量的比重(Amiti and Wei,2005);三是垂直专业化比率(Hummels et al.,2001);四是以中间品的进出口贸易额占贸易总额的比重作为衡量指标(Yamashita,2007;唐海燕,2009)。其中关于中间品的确定也有两种方法:一种是根据投入产出表进行测算,另一种是根据国际贸易数据进行测算。前者对中间投入品的界定更为准确,但是由于各国投入产出表编制方法各有不同,行业划分标准也不尽统一,无法得到具有国际可比、时间连续的数据,因此为保证样本容量的充分性,本章采用第二种研究方法,在联合国按宽泛经济类别(BEC)划分的国际贸易分类体系下,对各国进出口

---

① 具体测算方法参见第五章第一节。

中间产品占贸易总额的比重进行测算。与前面分类标准相同，本章研究的中间品包括半成品（BEC 代码为 121、22）[①] 和零部件（BEC 代码为 42、53）。

四、数据来源

以上商品贸易数据、中间产品贸易数据均来自联合国 Comtrade 数据库；劳动力、人均陆地面积、研发支出占 GDP 的比重、GDP 数据来源于世界银行的世界发展指标（WDI）数据库；资本形成、外商直接投资流入存量数据来源于联合国贸易与发展会议（UNCTAD）数据库；制度指标来源于世界银行 Worldwide Governance Indicators（WGI）数据集，该数据集包括法制水平、政府效率、政治稳定等 6 个制度质量指标，每个指标取值范围在 -2.5~2.5 之间，较高的取值意味着较好的治理结果（Kaufmann et al.，2008）。所有货币单位均调整为 2005 年不变价。个别缺失数据采用数据平滑法进行推算，最后确定的回归区间为 2002—2012 年。

第二节 数据描述与模型检验

一、序列平稳性检验

本章采用 LLC 检验、IPS 检验、Fisher – ADF 检验和 Fisher – PP 检验等对面板数据进行检验，以判断数据是否是单位根。另外，为使面板数据能够反映不同发展程度的经济体的复杂度演进的内在机制，本章以 2005 年不变价人均 GDP 美元值作为划分标准，将 39 个

[①] 剔除资源类产品 322。

第六章 制造业产业升级影响因素的实证研究

样本分为两组：人均 GDP 高于 15000 美元的国家或地区为发达经济体，人均 GDP 低于 15000 美元为发展中经济体。按照此分类标准，样本中共有 25 个发达经济体，14 个发展中经济体。在整体、发达经济体、发展中经济体 3 种情况下，复杂度、出口量、人均 GDP 以及价格指数等自然对数的 LLC、IPS、Fisher – ADF 和 Fisher – PP 检验显示各变量存在单位根，而各变量的一阶平稳性检验显示：在 1% 的显著性水平下同时拒绝了各个变量一阶差分存在单位根的原假设，因此各变量均为一阶平稳，变量单位根检验如表 6 – 1 所示。

表 6 – 1   变量单位根检验

变量	LLC	IPS	ADF – Fisher	PP – Fisher
lnPRODY	– 12.2530 *** (0.0000)	– 3.9179 *** (0.0000)	123.7126 *** (0.0000)	347.2786 *** (0.0000)
ΔlnPRODY	– 13.4854 *** (0.0000)	– 4.7835 *** (0.0000)	148.5825 *** (0.0000)	152.2776 *** (0.0000)
ln（K/L）	– 4.6179 *** (0.0000)	– 0.4306 (0.3334)	93.2856 (0.1142)	151.3830 (0.0000)
Δln（K/L）	– 9.6957 *** (0.0000)	– 4.6886 *** (0.0000)	164.5885 *** (0.0000)	283.1668 *** (0.0000)
lnAREA	– 8.2412 *** (0.0000)	– 0.8603 (0.1948)	127.1709 *** (0.0013)	174.0621 *** (0.0000)
lnAREA	– 8.6463 *** (0.0000)	– 4.5166 *** (0.0000)	155.0905 *** (0.0000)	179.6925 *** (0.0000)
RD	53.0321 (1.0000)	3.7104 (0.9999)	45.0632 (0.9990)	38.3304 (1.0000)
ΔRD	2.6662 (0.9962)	– 6.1531 *** (0.0000)	268.4656 *** (0.0000)	389.3855 *** (0.0000)
FDI	– 6.3068 *** (0.0000)	– 1.3368 * (0.0906)	113.1526 *** (0.0057)	180.5752 *** (0.0000)

续表

变量	LLC	IPS	ADF – Fisher	PP – Fisher
ΔFDI	-22.8603*** (0.0000)	-13.7765*** (0.0000)	611.7962*** (0.0000)	655.6735*** (0.0000)
VSS	-3.1253*** (0.0009)	0.1484 (0.5590)	101.1367** (0.0402)	108.0124** (0.0139)
ΔVSS	-16.7*** (0.0000)	-9.7028*** (0.0000)	367.3605*** (0.0000)	413.3434*** (0.0000)
BANK	-5.309*** (0.000)	2.3256 (0.9900)	54.3191 (0.9811)	42.6165 (0.9990)
ΔBANK	-10.4124*** (0.0000)	-5.1874*** (0.0000)	234.4721*** (0.0000)	259.2801*** (0.0000)
I	-7.1204*** (0.0000)	2.3742*** (0.0088)	148.6817*** (0.0000)	203.8585*** (0.0000)
ΔI	-10.2011*** (0.0000)	-5.3554*** (0.0000)	205.9678*** (0.0000)	430.0596*** (0.0000)
SFVSS	-3.9182*** (0.0000)	-0.9167 (0.1796)	117.0689*** (0.0028)	96.1243* (0.0801)
ΔSFVSS	-14.6694*** (0.0000)	-9.2587*** (0.0000)	382.3507*** (0.0000)	362.4496*** (0.0000)
PCVSS	-4.0590*** (0.000)	1.8169 (0.9654)	59.2571 (0.9437)	105.1673** (0.0219)
ΔPCVSS	-14.7133*** (0.0000)	-7.9378*** (0.0000)	326.3126*** (0.0000)	464.7507*** (0.0000)

注：Δ 表示一阶差分，括号内为 P 值，***、**、* 分别表示在 1%、5%、10% 的显著性水平上拒绝存在面板单位根的原假设。

二、协整检验

由平稳性检验可知面板数据一阶单整，为此须判断各变量间是否存在协整关系。协整检验结果表明各变量之间存在长期稳定的均衡关系，如表6-2所示。

表6-2 面板协整检验

统计量	Gt	Ga	Pt	Pa
ln (K/L)	-2.140*** (0.008)	-3.287 (0.662)	-6.112*** (0.006)	-1.603* (0.099)
RD	-2.873*** (0.000)	-4.128 (0.261)	-7.596*** (0.000)	-3.329*** (0.000)
BANK	-2.171*** (0.000)	-3.381 (0.432)	-6.952* (0.090)	-2.237*** (0.009)

注：括号内为P值，***、**、*分别表示在1%、5%、10%的显著性水平上拒绝存在协整关系的原假设。

第三节 实证结果分析

一、基于静态面板的结果分析

首先，通过 Hausman 检验确定模型使用随机效应模型还是固定效应模型。固定效应模型中的个体差异反映在每个个体都有一个特定的截距项上；随机效应则假设所有个体具有相同的截距项，个体差异主要反映在随机干扰项设定上。根据样本数据进行检验，结果显示：拒绝随机效应模型。因此，选取固定效应模型更为合适。Hausman 检验如下：

Test: Ho: difference in coefficients not systematic

$chi2(7) = (b - B)'[(V\_b - V\_B)^(-1)](b - B)$

$= 433.06$

Prob > chi2 = 0.0000

进一步，由于各国家或地区存在差异，因此可能产生异方差导致估计偏误。需要固定效应模型的异方差进行检验，结果如下：

Modified Wald test for groupwise heteroskedasticity

in fixed effect regression model

$H0: sigma(i)^2 = sigma^2$ for all i

$chi2 (39) = 384.57$

$Prob > chi2 = 0.0000$

异方差检验拒绝了不存在异方差的原假设，为此采用 GLS (Cross – section Weights) 法，结合 white – period 稳健方法以校正横截面异方差以及时期异方差所带来的估计偏误。估计结果如表6–3所示。

表6–3 中国制造业出口技术复杂度影响因素静态面板回归结果

Y X	lnprody Fe	lnprody Re	lnprody GLS
ln (K/L)	0.426 *** (11.10)	0.0528 *** (2.65)	0.0123 (1.45)
lnAREA	2.567 *** (8.31)	0.00503 (0.25)	–0.00538 (–0.61)
RD	0.112 *** (2.84)	0.152 *** (5.19)	0.106 *** (7.82)
FDI	0.159 *** (5.39)	0.197 *** (6.48)	0.0935 *** (5.16)
I	–0.00650 (–0.10)	–0.0819 ** (–2.25)	0.00888 (0.55)
BANK	0.00331 *** (7.85)	0.00227 *** (5.89)	0.000740 *** (3.62)
LAND	0 (0.00)	0.227 *** (2.95)	0.122 *** (3.99)

续表

Y X	lnprody Fe	lnprody Re	lnprody GLS
VSS	-1.158*** (-2.94)	-2.425*** (-7.34)	-0.991*** (-5.74)
CONS	-5.233*** (-3.76)	10.11*** (38.86)	10.16*** (85.51)
N	429	429	429

注：括号内的数字表示 t 统计量，***、**、* 分别表示在 1%、5%、10% 的显著性水平。

根据面板 GLS 估计，资本劳动比的对数项具有正的回归系数，但显著性依赖于估计方法；人均陆地面积的对数项在广义最小二乘法回归中系数为负，但表现不显著，因而无法判定；研发变量、对外直接投资和金融发展变量以及是否是内陆国家的虚拟变量，均显著为正；反映制度的法制水平变量的回归系数不显著；垂直专业化率的回归系数显著为负。

在对垂直专业化率的作用方向的理论分析中可以知道，垂直专业化率对产品技术复杂度的影响既可能表现为正效应，即产品内国际分工模式下的垂直专业化生产能够促进产品技术复杂度的提高，因为产品内国际分工能够通过知识转移、技术溢出以及竞争等效应影响东道国的生产技术，提高产品科技含量；也可能表现为负效应，即垂直专业化生产阻碍了产品技术复杂度的提升，这是因为发达国家的跨国企业对核心技术形成的垄断导致发展中国家长期从事简单加工生产，被锁定在价值链低端环节。

综上所述，回归结果表明，价值链的提升并未受到劳动力、资本以及土地等要素禀赋的明显约束；相反，产品复杂度的提升更多的是依靠研发、FDI 以及配套金融服务的发展。

二、基于系统 GMM 方法的结果分析

模型的内生性问题受到越来越多的关注,严重的内生性问题会导致普通最小二乘(OLS)回归结果的偏误。在模型(6-1)中可能存在内生性问题:反映技术禀赋的变量可能与产品技术复杂度存在内生性,即技术进步能够推动产品技术复杂度的提升,同时产品技术复杂度的提升也能可能推动技术进步;FDI 的流入能够通过技术溢出影响产品技术复杂度,然而一国或地区产品技术复杂度的提升也有利于吸引外资内流;中间产品贸易的增加也可能与产品复杂度产生双向影响。因此有必要对各变量是否存在内生性问题进行检验。Hausman 检验结果显示,变量 RD、FDI 以及 VSS 均存在内生性。通常改进的方法是寻找一个与内生变量高度相关且与因变量无关的变量作为工具变量,进行两阶段最小二乘(TSLS)估计。但是这种方法高度依赖于工具变量的选择,而工具变量的选择本属不易,进而也会影响到模型的稳健性。GMM(Generalized Method of Moments,GMM)方法可以有效解决该问题(Baum,2006;Roodman,2009)。GMM 主要有两种估计方法,分别是差分 GMM 和系统 GMM。差分 GMM 估计仅对差分方程进行估计,因此估计中可能损失部分信息。而系统 GMM 则将差分方程和水平方程同时加入方程系统中,并以差分变量的滞后项作为水平方程的工具变量,同时以水平变量的滞后项作为差分方程的工具变量。系统 GMM 利用了更多的样本信息,模型估计更有效,因此本章选用系统 GMM 方法。在此基础上,采用 Arellano 和 Bover(1995)、Blundell 和 Bond(1998)方法,对工具变量的有效性进行 Sargan 检验,与此同时,对残差项的一阶和二阶序列自相关进行检验,确保模型估计有效性。另外,考虑到在有限样本条件下,两步法估计的标准误可能产生向下偏倚,因此本章所有系统 GMM 估计结果均采用稳健一步估计量(One-step Estimator)。系统 GMM 估计的结果见表 6-4。

表 6-4 中国制造业出口技术复杂度影响因素动态面板回归结果

	lnprody Ⅰ	lnprody Ⅱ	lnprody Ⅲ	lnprody Ⅳ
ln（K/L）	0.0250 (1.35)	-0.00180 (-0.09)	0.00694 (0.35)	0.00532 (0.27)
lnAREA	-0.00425 (-0.20)	-0.0223 (-0.96)	-0.0174 (-0.75)	-0.0146 (-0.63)
RD	0.0955*** (3.35)		0.151*** (3.51)	0.146*** (3.86)
FDI	0.0802** (2.45)	0.117*** (3.58)	0.112*** (3.39)	0.104*** (3.27)
I	0.0250 (0.76)	0.0170 (0.33)		0.0157 (0.31)
BANK	0.000880 (1.62)	0.000888 (1.36)	0.000756 (1.11)	
VSS	-0.754** (-2.40)	-1.286*** (-3.23)	-0.815* (-1.99)	-1.029*** (-3.29)
RD × VSS		0.328*** (4.39)		
I × VSS			-0.000954 (-0.01)	
BANK × VS				0.00156 (0.90)
CONS	9.949*** (38.55)	10.41*** (37.95)	10.13*** (36.35)	10.23*** (42.06)
N	429	429	429	429
SARGA	28.91 (0.528)	29.83 (0.683)	20.46 (0.283)	22.05 (0.307)
AR1	0.051	0.044	0.036	0.079
AR2	0.944	0.653	0.708	0.751

注：括号内的数字表示 t 统计量，***、**、* 分别表示在 1%、5%、10% 的显著性水平。

表 6-4 显示了系统 GMM 的基本回归结果，较之 GLS 模型回归结果，除金融发展变量变得不再显著外，其他变量影响方向和显著性均未改变，但系数变小，作用强度有所减弱。其中，资本劳动比对技术复杂度有正的影响，但不显著；人均陆地面积对技术复杂度影响为负，不显著；技术禀赋系数为正，且通过了 1% 的显著水平检验。新经济增长理论认为研发是自主技术创新的有效途径。本章的研究证明，研发投入是促进产品技术复杂度提升的重要因素；FDI 显著促进了出口产品复杂度的提升。原因是：一是由于生产全球化的推进，东道国进口大量复杂中间产品，经过简单加工装配后出口最终产品，因此东道国的出口产品表现为高技术复杂度。二是伴随 FDI 发生的技术溢出和知识资本转移能有效促进技术进步和价值链的提升；制度变量表现亦不显著，可能是因为制度指标与产品复杂度的提升不存在直接联系；金融发展变量表现不显著。在对垂直专业化率的作用方向的分析中，知道垂直专业化率对产品技术复杂度的影响既可能表现为正效应，即产品内国际分工模式下的垂直专业化生产能够促进产品技术复杂度的提高，因为产品内国际分工能够通过知识转移、技术溢出以及竞争等效应影响东道国的生产技术，提高产品科技含量；也可能表现为负效应，即垂直专业化生产阻碍了产品技术复杂度的提升，这是因为发达国家（地区）的跨国企业对核心技术形成的垄断导致发展中国家长期从事简单加工生产，被锁定在价值链低端环节。本章的回归结果显示，垂直专业化生产系数显著为负，但与技术共同作用时，系数转而为正且显著，表明简单参与垂直专业化生产本身并不能促进价值链提升，而伴随技术而生的垂直专业化生产才能对价值链的提升产生有效的促进作用。

综上所述，本章的研究结果表明，价值链的提升并未受到劳动力、资本以及土地等要素禀赋的明显约束；相反，产品复杂度的提升更多的是依靠研发、FDI 以及配套金融服务的发展。

20 世纪 90 年代产品内国际分工得到飞速发展，如今这一分工模式已渗入各个行业领域，成为各行业领域参与全球价值链的重要形式。然而，产品内国际分工涉及的领域千差万别，产品内国际分工的层次存在较大差异，各生产环节的技术含量也各有不同，层次越高，技术含量越高，增加值越高，价值链地位也就越高，支配、控制价值链的能力就越强；相反，层次越低，科技含量越低，增加值越小。过度依赖低层次的分工将使社会资源固化在价值链的低端环节，甚至阻碍价值链的提升（唐海燕，2009）。中间产品主要包括半成品和零部件，半成品主要用作食品加工、纺织服装、家具制造等劳动密集型行业的生产投入品，大多处于价值链的低端环节；零部件主要用于通用、专用设备制造业，交通运输设备制造业，通信设备、计算机及其他电子设备制造业，仪器仪表等资本与技术密集型行业的中间投入品，一般处于价值链的高端环节。根据这一基本认识，一般认为零部件的产品内国际分工的科技含量要高于半成品的技术含量，因此本章将中间产品的内容进行分解，分别考察半成品和零部件在产品内国际分工模式下对于价值链提升是否存在异质性。半成品进出口贸易占贸易总额的比重记为 SFVSS，零部件进出口额占贸易总额的比重记为 CPVSS，并将这两个指标作为 VSS 的替换指标分别进行回归分析，以检验不同层次的分工对产品技术复杂度的影响。回归结果如表 6-5 所示。

表 6-5　半成品产品内国际分工对技术复杂度的影响分析

Y X	lnprody I	lnprody II	lnprody III	lnprody IV
$\ln(K/L)$	0.0350 (1.49)	0.0311 (1.56)	0.0368 (1.23)	0.0371 (1.18)
lnAREA	-0.0470** (-2.15)	-0.0479** (-2.20)	-0.0815** (-2.56)	-0.0822** (-2.60)
RD	0.0929*** (2.83)		0.185*** (3.05)	0.168** (2.52)

续表

Y	lnprody	lnprody	lnprody	lnprody
X	I	II	III	IV
FDI	0.0947** (2.24)	0.0983** (2.35)	0.159*** (3.04)	0.154*** (2.96)
I	0.0277 (0.64)	0.00105 (0.02)		−0.0514 (−0.75)
BANK	0.00131** (2.03)	0.00129* (1.78)	0.00125 (1.44)	
SFVSS	−0.383 (−0.46)	−1.313* (−1.76)	0.153 (0.17)	−0.890 (−1.03)
RD × SFVSS		0.415*** (3.40)		
I × SFVSS			−0.155 (−0.61)	
BANK × SFVSS				0.00672** (2.03)
CONS	9.769*** (26.20)	10.06*** (32.14)	9.657*** (22.04)	9.913*** (22.66)
N	429	429	429	429
SARGA	23.81 (0.207)	23.86 (0.287)	26.54 (0.383)	25.03 (0.313)
AR1	0.042	0.054	0.033	0.036
AR2	0.738	0.699	0.508	0.520

注：括号内的数字表示 t 统计量，***、**、* 分别表示在 1%、5%、10% 的显著性水平。

模型 I 显示了半成品产品内国际分工模式下产品技术复杂度各影响因素的回归结果，该结果显示 lnAREA 显著为负，RD 显著为正，FDI 显著为正，BANK 显著为正，SFVSS 为负，不显著；同样的，为进一步考察技术对产品内国际分工的作用，模型 II 将 RD 与 SFVSS 交互项作为影响因素进行回归,结果显示其他变量对产品复杂度的影响没有发生根本性改变,然而 SFVSS 表现为显著负效应,同时 RD 与 SFVSS 交互项表现为显著的正效应。这一结果表明,中间产品的产品内国际分工本身并不能促进产品技术复杂度的提高,不能促进价值链的升级;相反,单纯的中间产品的产品内国际分工对技术复杂度的提高有阻碍作用,正如分析所言,过度依赖低层次的分工将使社会资源固化在价值链的低端环节,甚至阻碍价值链的提升。而当产品内国际分工与研发、技术共同作用时,显著提高产品技术复杂度水平,验证了产品内国际分工是通过知识转移和技术溢出等途径提高东道国的产品技术复杂度。模型Ⅲ和模型Ⅳ进一步分析了制度变量和金融发展水平变量分别与 SFVSS 的交互项对产品技术复杂度的影响,回归结果显示,在模型Ⅲ和模型Ⅳ中,SFVSS 依旧表现不显著,SFVSS 与制度变量 I 的交互项亦不显著,但是金融发展变量与 SFVSS 的交互项能够显著促进产品技术复杂度的提升。零部件产品内国际分工对技术复杂度的影响分析如表 6-6 所示。

表 6-6　零部件产品内国际分工对技术复杂度的影响分析

	lnprody Ⅰ	lnprody Ⅱ	lnprody Ⅲ	lnprody Ⅳ
ln(K/L)	0.0351* (1.77)	0.0353 (1.35)	0.0479* (1.91)	0.0477* (1.85)
lnAREA	-0.00969 (-0.46)	-0.0470 (-1.50)	-0.0426 (-1.37)	-0.0300 (-0.99)
RD	0.108*** (3.75)		0.177*** (4.44)	0.170*** (5.33)
FDI	0.0852** (2.45)	0.126*** (2.92)	0.167*** (3.58)	0.115*** (3.34)
I	-0.00280 (-0.08)	-0.0134 (-0.32)		-0.0400 (-1.02)

续表

	lnprody I	lnprody II	lnprody III	lnprody IV
BANK	0.00105** (2.17)	0.00163*** (2.98)	0.00113* (1.95)	
CPVSS	-0.437 (-1.27)	-0.981* (-1.91)	0.314 (0.63)	-0.488 (-0.96)
RD × CPVSS		0.588*** (3.58)		
I × CPVSS			-0.681** (-2.03)	
BANK × CPVSS				0.00151 (0.59)
CONS	9.618*** (46.80)	9.802*** (37.56)	9.469*** (35.69)	9.623*** (38.96)
N	429	429	429	429
SARGA	24.66 (0.326)	26.63 (0.358)	23.54 (0.303)	21.26 (0.222)
AR1	0.036	0.032	0.043	0.052
AR2	0.618	0.917	0.431	0.628

注：括号内的数字表示 t 统计量，***、**、*分别表示在 1%、5%、10% 的显著性水平。

零部件产品内国际分工对技术复杂度的影响与半成品对技术复杂度的影响表现有所不同。资本劳动比在半成品对技术复杂度的影响模型中表现不显著，而在零部件对技术复杂度的影响中表现显著，这表明对于更高技术复杂度的产品而言，丰裕资本的作用表现更为突出，因为高技术复杂度的产品生产必定需要充裕的资本和技术的支撑。相反，人均陆地面积在半成品模型中表现为显著的负效应，而在本模型中表现却不显著。这表明在低层次的分工中，一国的自然资源禀赋越丰富，越可能使该国被锁定在基于自然资源的低层次分工下，不利于价值链的攀升（Gylfason，2001）。这与 Hausmann（2007）在研究产品技术复杂度影响因素时得到的结论一致。零部件中间产品贸易对产品技术复杂度的影响为负，但不显著。模型Ⅱ中增加该变量与 RD 的交互变量后，CPVSS 表现为显著的负效应，这与半成品模型表现相同，但作用强度小于半成品模型。CPVSS 与 RD 的交互变量表现为显著的正向效应，这也与半成品模型表现相同，再一次表明参与产品内国际分工本身并不能提高产品的技术复杂度，产品技术复杂度的提升关键在于技术变量的作用。模型Ⅲ和模型Ⅳ分别显示了零部件贸易在制度变量和金融发展变量的作用下对产品技术复杂度的影响。

在产品内国际分工模式下研究产品技术复杂度的影响因素，不仅要考虑不同分工层次的异质性影响，同时还须考虑不同经济体对其影响的异质性。世界银行按照各经济体人均国民收入（GNI）将所有国家和地区划分为低收入、中低收入、中高收入和高收入四个等级。本章在样本选择上，既包括发达国家（地区）也包括发展中国家（地区），为区分产品技术复杂度各决定因素对不同发展水平的国家和地区的作用差异，本章根据世界银行对世界发展水平的划分标准，将样本国家（地区）划分为两类，分别是中高收入国家（地区）和高收入国家（地区）[①]。模型估计仍然采用稳健一步估计量。回归结果如表 6-7 所示。

资本劳动比和人均陆地面积表现均不显著，表明自然禀赋和资本禀赋对中高收入国家（地区）的价值链的提升作用在本样本研究中尚不确定。技术禀赋和外商直接投资均表现出显著的正向效应，表明中高收入经济体可以通过技术创新与技术溢出有效促进价值链的提升。制

---

① 中高收入国家（地区）包括：阿根廷（ARG）、巴西（BRA）、智利（CHL）、中国（CHN）、哥伦比亚（COL）、捷克（CZE）、匈牙利（HUN）、马来西亚（MYS）、波兰（POL）、俄罗斯（RUS）、斯洛伐克（SVK）、南非（ZAF）、泰国（THA）、土耳其（TUR）；高收入国家（地区）包括：澳大利亚（AUS）、奥地利（AUT）、比利时（BEL）、加拿大（CAN）、中国香港（HKG）、丹麦（DNK）、芬兰（FIN）、法国（FRA）、德国（DEU）、希腊（GRC）、爱尔兰（IRL）、意大利（ITA）、日本（JPN）、墨西哥（MEX）、荷兰（NLD）、新西兰（NZL）、挪威（NOR）、葡萄牙（PRT）、韩国（KOR）、新加坡（SGP）、西班牙（ESP）、瑞典（SWE）、瑞士（CHE）、英国（GBR）、美国（USA）。

表 6-7　　中高收入国家或地区回归结果

	lnprody Ⅰ	lnprody Ⅱ	lnprody Ⅲ	lnprody Ⅳ
ln（K/L）	0.00752 (0.32)	-0.00211 (-0.08)	0.00929 (0.40)	0.00886 (0.38)
lnAREA	-0.0119 (-0.55)	-0.0221 (-0.99)	-0.0105 (-0.51)	-0.00980 (-0.45)
RD	0.0976*** (2.98)		0.0957** (2.71)	0.0983*** (2.91)
FDI	0.0935*** (3.10)	0.113*** (3.37)	0.0883*** (3.20)	0.0893*** (2.94)
I	0.0518 (1.40)	0.0523 (1.29)		0.0579 (1.55)
BANK	0.000601 (1.27)	0.000643 (1.37)	0.000646 (1.40)	
VSS	-0.916** (-2.22)	-1.304** (-2.49)	-1.008** (-2.31)	-1.070*** (-3.05)
RD×VSS		0.262*** (3.20)		
I×VSS			0.123 (1.01)	
BANK×VSS				0.00123 (1.02)
CONS	10.20*** (37.15)	10.46*** (33.88)	10.22*** (36.56)	10.25*** (40.40)
SARGA	20.35 (0.211)	26.13 (0.251)	24.14 (0.249)	26.84 (0.311)
AR1	0.024	0.003	0.003	0.003
AR2	0.650	0.947	0.688	0.614
N	110	110	110	110

注：括号内的数字表示 t 统计量，***、**、* 分别表示在 1%、5%、10% 的显著性水平。

度变量和金融发展发展变量表现均不显著。垂直专业化生产系数显著为负、与技术共同作用后显著为正,再次证明欠发达经济体的价值链被锁定在低端环节,不利于技术复杂度的提升,而在科技力量的作用下却能明显促进价值链的提升。高收入经济体回归结果如表 6-8 所示。

表 6-8 高收入国家或地区回归结果

	lnprody I	lnprody II	lnprody III	lnprody IV
ln(K/L)	0.0450 (1.32)	0.0361 (0.85)	0.0455 (1.37)	0.0466 (1.38)
lnAREA	0.0817 (1.66)	0.0779 (1.52)	0.0771 (1.63)	0.0824 (1.66)
RD	0.280* (2.08)		0.283* (2.12)	0.279* (2.09)
FDI	0.242 (0.76)	0.291 (0.85)	0.253 (0.82)	0.227 (0.72)
I	-0.0177 (-0.22)	-0.0185 (-0.21)		-0.0160 (-0.19)
BANK	-0.000323 (-0.34)	-0.000311 (-0.32)	-0.000346 (-0.37)	
VSS	-0.705 (-1.56)	-1.137** (-2.69)	-0.656 (-1.40)	-0.641 (-1.11)
RD × VSS		0.619 (1.66)		
I × VSS			-0.0580 (-0.33)	
BANK × VSS				-0.000551 (-0.24)
CONS	9.371*** (19.31)	9.635*** (17.65)	9.362*** (19.47)	9.325*** (20.46)

续表

	lnprody I	lnprody II	lnprody III	lnprody IV
SARGA	26.37 (0.253)	20.35 (0.208)	21.55 (0.213)	20.33 (0.207)
AR1	0.021	0.026	0.038	0.078
AR2	0.644	0.618	0.580	0.727
N	319	319	319	319

注：括号内的数字表示 t 统计量，***、**、* 分别表示在 1%、5%、10% 的显著性水平。

中高收入国家（地区）相对于高收入国家或地区属于弱势群体，在全球价值链中处于从属地位，其产业升级除了需要靠"内力"（如加大研发投入、改善制度环境等）外，还需要通过"外力"，即参与产品内国家分工汲取先进的管理和技术，因此，在科技因素的共同作用下，垂直专业化生产能够明显促进产品技术复杂度的提升；而作为技术溢出的主要渠道之一的外商直接投资系数显著为正，这与之前的理论分析结论相一致。而高收入经济体以对外投资为主，其经济增长动力大多来自"内力"，即科技进步，因此 FDI 对其产品技术复杂度的影响不显著。

此外，对于中高收入国家（地区）而言，它们大多已经结束了参与产品内国际分工的初级阶段。在初级阶段中，东道国与发达国家（地区）的竞争相对较少，跨国公司为了使其加工生产的产品满足其需求，会主动输入成熟的、非核心的技术，有利于东道国产品技术复杂度的提升。而当东道国的技术水平发展到一定阶段后，其生产的产品在国际市场上与发达国家的跨国公司在某种程度上具有一定的竞争关系，出于自我保护等目的，跨国公司会减少技术输出，加强知识产权保护。而此时全球价值链的控制仍然全掌握在跨国公司手中，中高收入国家（地区）必然陷入由发达国家（地区）跨国公司主导的全球价值链的低增加值环节，落入"比较优势陷阱"，这也正是产品内国际分工系数表现为负的主要原因。

第四节 结论与启示

在传统国际分工模式下,各国或地区通过发挥比较优势并借助国际垂直专业化分工先后使本国或地区的劳动密集型产业和资本技术密集型产业得到了长足的发展,实现了产业结构从劳动密集型产业为主导向资本技术密集型为主导的转变。但在产品内国际分工模式下,产业升级不再局限于最终产品意义上的劳动密集型产业向资本技术密集型产业的转移,更为重要的是同一行业内沿产品着价值链的攀升。本章在黄永明等(2012)理论模型和唐海燕(2009)、祝树金(2010)实证分析的基础上,构建了分析出口技术复杂度影响因素的实证分析模型。结合第四章出口复杂度的测度数据以及跨国面板数据,多层次、多角度地对2002—2012年出口复杂度的影响因素进行了深入分析,主要得出以下几点结论和启示:

(1)物质资本因素对出口技术复杂度的提升作用在减弱。在所有层次的回归分析中,资本劳动比均表现不显著,尤其是在对欠发达国家(地区)的回归结果中亦表现不显著,这表明在中高收入的国家(地区)中,资本对于产品技术复杂度的提升已经不再是关键因素,这也意味着单纯依靠加大资本投入来提升价值链的做法将不再奏效。为此,引导资本投向高技术产业,进一步提高资本的边际效用。

(2)人均陆地面积在高收入经济体中表现为正,但不显著,除此之外,系数均为负,但只有在半成品模型中表现显著。半成品的垂直专业化生产意味着更低的价值链生产环节,在这一回归模型中人均陆地面积显著为负,表明低层次的产品内国际分工更容易陷入"自然资源诅咒"(Gylfason,2001),即丰裕的自然资源不能为高技术复杂度产品的生产提供保障,甚至会对高技术复杂度产品的生产产生挤出效应，使产品内国际分工参与国被锁定在基于自然资源的低层次分工下，阻碍产业升级。因此，产品内国际分工模式下的产业升级所依赖的不是自然资源的粗放型升级模式，简单依靠自然资源禀赋寻求产业升级的模型行不通。

（3）技术禀赋在各回归模型中均表现为正向显著，因此，无论是发达经济体还是欠发达经济体，无论是以半成品为主的低层次垂直专业化生产还是以零部件为主的高层次垂直专业化生产，技术都是促进价值链实现攀升的有效动力。这与内生经济增长理论相吻合，即技术进步是经济持续增长的决定因素。

（4）外商直接投资在高收入国家（地区）模型中表现不显著，除此之外，外商直接投资系数均显著为正。在产品内国际分工模式下，跨国公司在全球范围内进行资源配置，而跨国公司又大多来自发达国家（地区），因此跨国公司的生产本身具有较高的技术复杂度。跨国公司的流入会直接导致东道国高技术复杂度产品出口的增加，但是如果这种高技术复杂度产品的出口依赖于已经具有高技术水平的中间产品的进口，仅仅是通过东道国的简单加工装配，那么东道国的技术复杂度的提升必定是短暂现象，也必定会导致东道国价值链的低端锁定，不利于产业的长远发展；如果东道国技术复杂度的提升来自东道国企业通过知识转移和技术溢出改进生产流程、提高生产工艺等进行技术革新，则有利于东道国的产业升级。因此，各国尤其是发展中国家在进一步放开外商直接投资政策的基础上，还应加大对高新技术直接投资的吸引力度，并致力于提高自身的吸收能力，进一步发挥知识转移与技术溢出效应，突破发达国家（地区）的价值链锁定、培育基于本国的、具有绝对控制力的全球价值链，实现东道国的技术革新和产业升级。

（5）制度变量在模型中表现均不显著，因而制度因素对产业升级的作用无法判断。导致这一结果的原因可能是变量本身作用不显著，也可能是由于变量选择造成。在本章中制度因素的代理变量是法

第六章　制造业产业升级影响因素的实证研究

律规则,这一变量不能全面反映一个国家或地区的制度环境,而单一的法律环境在促进出口复杂度提升、强化产品内国际分工的技术溢出方面表现不显著。

(6)垂直专业化生产系数显著为负,但与技术共同作用时,系数转而为正且显著,表明简单参与垂直专业化生产本身并不能促进价值链提升,而伴随技术而生的垂直专业化生产才能对价值链的提升产生有效的促进作用。产品内国际分工对技术复杂度的促进作用取决于东道国的吸收能力。东道国的自然要素禀赋、技术要素禀赋、制度环境以及金融发展的协调发展能够使产品技术复杂度的提升达到事半功倍的效果;产品内国际分工对制造业价值链地位的影响存在行业差异性,与以零部件贸易为主的产品内国际分工相比,以半成品贸易为主的低层次产品内国际分工更容易落入"比较优势陷阱",被俘获在价值链的低端环节;中高收入国家或地区依靠"内力"和"外力"共同作用促进产品技术复杂度的提升,且从回归系数看,"内力"的作用大于"外力",高收入国家或地区则更多地依靠"内力"实现自身发展;发达国家跨国公司掌握着全球价值链的主导控制权,其他国家被排挤在低增加值环节,落入"比较优势陷阱",导致被长期锁定在价值链低端制造环节,不利于产业升级。因此,在积极创造条件利用垂直专业化分工推动产业升级的同时,还须警惕制造业被低端锁定的危险。

产品内国际分工与
中国制造业
产业升级
Chapter 7

第七章 结论与政策建议

中国正处于从粗放型的经济增长向以提升质量为重点的经济增长转变的关键时期，而出口产品升级对中国经济增长模式的转变有十分重要的作用。本书主要探讨产品内国际分工对我国产业升级的影响，在对产品内国际分工和出口复杂度进行定量测度的基础上，从理论和实证分析两个方面对制造业参与产品内国际分工和出口产品复杂度的影响因素进行分析，为中国正确看待和参与产品内国际分工、促进制造业产业升级提供相应政策建议。

第一节 基本结论

首先，在梳理产品内国际分工度量方法的基础上，采用中间产品进出口额和垂直专业化率指标对我国参与产品内国际分工进行了全面测度，比较分析我国现阶段在全球价值链中的地位。其中，在中间产品进出口分析中主要包括以下内容：中间产品进出口规模、中间产品内部结构、中间产品主要贸易伙伴以及中间产品比较优势分析等；在采用垂直专业化率指标进行分析时，不仅计算了中国细分行业的垂直专业化率指标，详细分析中国制造业各行业参与产品内国际分工的差异性，而且计算了中国出口产品中来自各主要贸易伙伴的中间产品的含量。在上述指标测度基础之上，对产品内国际分工的影响因素进行实证分析。其次，对产品内国际分工模式下产业升级模式和作用渠道进行分析，并通过理论模型推演分析产业升级的影响因素。最后，对价值链升级指标——出口复杂度进行测算，测算视角主要包括基于国内视角的中国制造业产品、行业和国家（地区）三个层面的出口复杂度，以及基于国际视角的中国各贸易伙伴国的出口复杂度。通过纵向与横向对比分析中国制造业在全球价值链中的地位和产业升级状况。在此基础上利用跨国面板数据、采用 GMM 方法对出口复杂度的影响因素进行实证分析。通过以上分析，本书得到以下主要结论。

第七章 结论与政策建议

（一） 基于中间产品贸易的分析结论

（1）中间产品进出口规模不断扩大，占进出口总额的比重不断增加；中国中间产品对外依存度处于较高水平，中国中间产品进出口贸易常年处于贸易逆差状态；中间产品进出口内部结构发生一系列变化：零部件进口赶超半成品进口；零部件进口占中间产品进口比重逐年增加，半成品占中间产品进口比重逐年下降；半成品逆差规模逐年减小，零部件逆差规模逐渐扩大。以上结论表明，中国参与国际产品内国际分工的能力不断加强，中国的国际分工地位逐步提高，从简单组装逐步向有技术含量的装配发展。

（2）中间产品贸易伙伴分布相对集中，产品内国际分工具有明显的区域特征。中国大陆中间产品贸易伙伴主要有日本、欧盟、韩国、东盟、美国和中国的香港特区。2000—2012年，日本和中国的香港特区作为主要贸易伙伴的地位出现明显下降，东盟国家地位小幅上升，其他国家和地区变化不大。从贸易差额来看，中国中间产品贸易对美国表现为顺差，对东盟、韩国和日本表现为逆差。就中间产品内部结构而言，零部件实现对半成品的赶超，东盟、韩国贡献较大，日本、欧盟次之。中国从美国进口的半成品始终高于从美国进口的零部件，这一趋势有扩大之势。以上结论表明，中间产品以更直接的方式进入中国而不再经过中国香港特区中转，中国香港特区作为中国与世界贸易的桥梁作用正随着中国对外开放和加入WTO的深化而减弱，中国以更直接的方式参与国际分工与贸易，对外经济活动独立性增强；零部件进口的大幅增长表明中国参与产品内国际分工的地位有所提高，在全球价值链中的位置实现一定攀升，但较之美国还有很大差距。

（3）贸易平衡贡献度指标显示我国中间产品长期处于比较劣势，且半成品劣势地位加剧；消费品和资本品处于比较优势，且资本品优势地位逐年增加。上述结论表明，一方面中国在全球贸易中从事的是简单加工装配,在核心零部件的生产上处于相对弱势,只能依靠进口大量高技术中间产品来填补;另一方面,零部件和资本品比较优势的动态变化表明中国正在向技术密集型和资本密集型的比较优势迈进,中国在全球价值链中的地位正在逐渐上升。

(二) 基于垂直专业化率指标的分析结论

(1) 我国制造业各部门垂直专业化指数变化可以分为三个阶段: 2002—2005年,中国制造业对外部生产环节或外来中间产品的依赖程度不断增加,表明在该时间段内我国制造业融入全球化的程度在不断加深。其中,变化最明显的行业是石油加工、炼焦及核燃料加工业和造纸印刷及文教体育用品制造业;变化最小的是纺织业和纺织服装鞋帽皮革羽绒及其制品。2005—2007年各部门的垂直专业化率均有所回落。这表明中国制造业各行业对外来中间投入品的依赖程度有所下降。一方面是由于中国制造业生产能力和技术水平有所提升,能够自主生产部分进口中间产品以替代进口产品;另一方面是由于2007年次贷危机的爆发,导致全球市场萎缩。2010年除食品制造及烟草加工业,金属制品业,石油加工、炼焦及核燃料加工业和纺织业垂直专业化率水平进一步下降外,其余各行业较之2007年水平均有所上升,但大多数行业仍低于2005年的水平。

(2) 结合要素密集度对各行业的垂直专业化率进行分析的结论表明,劳动密集型行业垂直专业化程度相对较低,表明其参与全球化分割生产的程度较弱,对外部生产环节的依赖性较小;资本密集型行业垂直专业化程度较高,参与全球化分割生产的程度较强弱,对外部生产环节的依赖性较大;资本技术密集型行业垂直专业化程度最高,参与全球化分割生产的程度最强,对外部生产环节的依赖性也最大。纺织业和纺织服装鞋帽皮革羽绒及其制品业指数出现下降态势表明这两个行业的外部依赖性在降低,产业价值链在延长,根据微笑曲线理论,产业增加值在提高,在一定程度上实现了产业升级。2002—2010

第七章 结论与政策建议

年垂直专业化程度增幅最大的三个行业均属于资本技术密集型行业，分别是仪器仪表及文化办公用机械制造业，通信设备、计算机及其他电子设备制造业和交通运输设备制造业，这表明我国高技术产业的技术含量存在虚高现象，缺少核心技术自主知识产权，对进口中间产品的依赖性过高，且有进一步加强的趋势。这也意味着中国从事的加工组装环节，获利甚微，行业缺乏核心技术，国际市场竞争能力弱，容易受到外部冲击，在过去10年中并未实现产业升级。

（3）中国对主要贸易伙伴的垂直专业化率表现有所不同，中国中间产品贸易进口有明显的区域特征。中国对国外中间产品需求的增加有近30%来自日本和韩国，表明中国垂直专门化程度的提高主要原因是来自日本、韩国向中国提供的中间品的增加，同期对美国的垂直专业化比率仅提高0.3个百分点，说明我国在全球产品内国际分工网络中更多地表现为在东亚区域生产网络中的国际分工。

（4）产品内国际分工影响因素实证分析结果表明：中国相对贸易伙伴的人均物质资本存量差距越大，中国对贸易伙伴的产品内国际分工就越强，表明中国仍然处于全球价值链的低端环节，仍然不具备相关中间产品的生产能力；悬殊的技术差距和经济购买力不利于产品内国际分工的发展。随着技术差距的扩大，会造成中国进口该高端中间产品的下降，形成高新技术产品生产的真空环节；规模经济可以促进产品内国际分工的发展。产品内国际分工的发展使产品生产过程环节化、工序化，从而使具有不同规模经济的生产环节有可能实现其各自的规模经济，获取规模经济效应收益；外商直接投资是产品内国际分工的重要形式。由外商投资企业主导的加工贸易极大地推动了中国中间产品的进出口贸易，对中国的垂直专业化生产起到显著的推动作用；双边贸易成本对产品内国际分工产生了显著的负效应，因此通过降低物流成本、管理成本、关税等贸易壁垒能够有效促进产品内国际分工的发展；东亚或东南亚生产网络是中国参与全球价值链垂直专业化生产的重要节点，推动了中国参与产品内国际分工的发展。

(三) 基于出口复杂度的分析结论

(1) 2002—2012 年中国制造业各部门的出口复杂度均呈现出上升趋势，总体向好。具体而言，通用、专用设备制造业指标值均高于其他部门，始终处于领先水平；仪器仪表及文化办公用机械制造业也基本保持在高位；造纸印刷及文教用品制造业，石油加工、炼焦及核燃料加工业和金属冶炼及压延加工业体现了一定的后发优势；服装皮革羽绒及其制品业出口复杂度增幅最大，石油加工、炼焦及核燃料加工业次之；仪器仪表及文化办公用机械制造业增长幅度最小，其次是计算机及其他电子设备制造业。中国制造业整体出口复杂度除 2009 年金融危机年份外，表现稳中有升、增长平稳。

(2) 横向对比发现中国制造业各部门出口复杂度均处于落后行列。在 39 个样本国家（地区）中，中国除金属冶炼及压延加工业排名居中外，其他部门基本处于倒数行列，食品制造及烟草加工业排名 33 位，纺织业排名末位，服装皮革羽绒及其制品业排名 32 位，木材加工及家具制造业位列 24 位，造纸印刷及文教用品制造业排名 24 位，石油加工、炼焦及核燃料加工业排名 33 位，化学工业排名 27 位，非金属矿物制品业排名 33 位，金属制品业排名 38 位，通用、专用设备制造业排名 27 位，交通运输设备制造业排名 27 位，电气、机械及器材制造业排名 32 位，通信设备、计算机及其他电子设备制造业排名 30 位，仪器仪表及文化办公用机械制造业排名 38 位。因此中国制造业产业升级任重而道远。

中国与日本和美国的行业发展结构具有一定的相似性：服装皮革羽绒及其制品业，石油加工、炼焦及核燃料加工业，金属冶炼及压延加工业在中国、日本和美国都得到了较好的发展。中国出口复杂度与发达国家近似协同的增长，表明中国出口结构正在与世界接轨，与发达经济体接轨，出口结构日趋合理；另外也表明，中国作为"世界工厂"，已融入全球一体化进程中，作为全球价值链上的一环，中国生产并出口的产品必定是满足市场和客户需求的产品,因此在结构上表现为趋同性;中国与日本和美国的行业发展程度仍具有很大差距:除木材加工及家具制造业,其他行业发展程度均落后于日本和美国,且非金属矿物制品业、金属制品业和仪器仪表及文化办公用机械制造业与日本和美国的差距扩大。

(3) 中国制造业整体发展落后,与发达国家(地区)有明显差距。2002 年中国制造业出口复杂度排名居末 10 位,仅高于泰国、南非、巴西、哥伦比亚、土耳其、阿根廷和智利,低于马来西亚等新兴经济体;2012 年中国制造业出口复杂度较之 2002 年有大幅增长,但排名仅上升 1 位,超过马来西亚,位列倒数第 9;中国与 7 个主要发达国家(地区)的技术复杂度差距呈现小幅扩大趋势,这表明中国与发达国家(地区)的技术差距并不是绝对收敛,未来的升级之路仍然非常严峻。此外,2002 年中国出口复杂度位于人均 GDP 拟合线上方,存在"Rodrik 悖论";2012 年,中国位于拟合线下方,不存在"Rodrik 悖论"。

(4) 出口复杂度影响因素分析结论。一是物质资本因素对出口技术复杂度的提升作用在减弱。这意味着单纯依靠加大资本投入来提升价值链的做法将不再奏效,为此引导资本投向高技术产业,进一步提高资本的边际效用。二是人均陆地面积在在半成品模型中显著为负。表明低层次的产品内国际分工更容易陷入"自然资源诅咒",使产品内国际分工参与被锁定在基于自然资源的低层次分工下,阻碍产业升级。三是技术禀赋是促进价值链实现攀升的有效动力。四是外商直接投资在高收入国家模型中表现不显著,除此之外,外商直接投资系数均显著为正。为避免东道国价值链的低端锁定,发展中国家在进一步放开外商直接投资政策的基础上,还应加大对高新技术直接投资的吸引力度,并致力于提高自身的吸收能力,进一步发挥知识转移与技术溢出效应,突破发达国家的价值链锁定,培育基于本国的、具有绝对控制力的全球价值链,实现东道国的技术革新和产业升级。五是简单参与垂直专业化生产本身并不能促进价值链提升,而伴随技术而生的垂直专业化生产才能对价值链的提升产生有效的促进作用。总之，产品内国际分工对技术复杂度的促进作用取决于东道国的吸收能力。东道国的自然要素禀赋、技术要素禀赋、制度环境以及金融发展的协调发展能够使产品技术复杂度的提升达到事半功倍的效果。

第二节 政策建议

中国作为世界上最大的发展中国家，近年来对外贸易和经济都取得了飞速发展。在产品内国际分工模式下，中国中间产品贸易在规模和结构上都取得了长足进步。反映中国制造业在全球价值链中地位的垂直专业化率指标和出口产品技术复杂度指标得到显著提升，但与发达国家相比，尚处于全球价值链中低端位置；中国在东亚生产网络中扮演着重要角色，对东亚地区的产品内国际分工产生深远影响；产品内国际分工本身并不会对产业升级产生积极的促进作用，相反，发达国家对发展中国家价值链的低端锁定会抑制发展中国家的产业升级；基于研发与科技的产品内国际分工能够有效提升出口产品复杂度，有利于实现产业升级。为此，本书从以下几个方面对产品内国际分工模式下中国制造业产业升级提出相关政策建议。

一、增强技术吸收能力，推进自主研发与创新

目前，我国制造业参与产品内国际分工的程度虽有很大发展，但仍停留在全球价值链的低端环节，核心零部件仍然依靠大量进口，中国企业在产品内国际分工中大多从事简单加工组装的劳动密集型环节的生产。母国企业占据全球价值链的战略环节，为保持技术优势、避免核心技术泄露，对东道国往往进行技术封锁，东道国企业在参与产品内国际分工的中后期难以通过技术外溢等途径获取核心技术，因此

在很大程度上受制于人，价值链被低端锁定，不利于产业升级。理论和实证分析表明，产品内国际分工中的母国与东道国之间的技术差距会阻碍产品内国际分工的进一步发展。同时，东道国自身吸收能力尤其是技术禀赋成为产品内国际分工模式下能否实现产业升级的关键。换言之，东道国企业自主研发与创新能力是实现价值链升级的根本动力。

（1）注重人才培养，促进知识转化，推动产学研一体化发展。一是增加企业员工教育投入提高劳动者素质，促进人力资本积累。通过提高东道国企业的吸收能力，强化产品内国际分工的技术外溢效应，促进企业从简单加工组装向全球价值链高端设计、营销等环节提升。二是加强企业与科研机构、高等院校的联系与合作，建立企业特殊人才培养计划，促进产学研一体化发展。三是引进科研人才，成立科研小组从事相关生产的技术研究与学习，充分发挥垂直专业化分工生产的技术溢出效应，不断延伸价值链，实现产业升级。

（2）攻坚克难，着力突破关键环节和核心技术。在产品内国际分工模式下，产业升级主要表现为价值链上生产环节的攀升。因此，产业政策也应该根据不同生产环节作出相应调整，对战略性环节给予必要的倾斜和支持。目前中国缺少核心零部件的生产能力，而这又成为掣肘产业升级的关键因素，因此产业政策应该集中关注核心零部件与核心价值环节的研究开发：一是对高新技术企业实施税收减免，对企业研发活动进行财政补贴；二是加强知识产权保护，完善专利申请和专利保护制度，营造良好知识创新环境；三是设立政府性研发基金，集中开发关键价值模块，提升我国制造业技术创新水平。

二、实施差别化引资政策，提高外资外包质量

自改革开放后，中国外资外贸政策逐步放开。1979年全国人大颁布《中华人民共和国中外合资经营企业法》，开启我国利用外资的

新时代。20世纪90年代,中国外商投资蓬勃发展,截至2012年,全球"500强"跨国公司均已来华投资,中国连续20年成为吸收外商直接投资最多的发展中国家,是仅次于美国的第二大引资国。外商投资在扩大出口、创造就业机会等方面发挥了重要作用。然而在中国人口红利逐渐消失、中国产业亟须转型的背景下,外贸质量和结构日益受到关注。本书理论和实证分析表明在产品内分工模式下,外商直接投资能够显著提升我国出口复杂度水平。中国目前产业升级的"瓶颈"在于缺少关键环节和核心零部件的生产技术,因此鼓励高质量的外商投资进驻能有效带动技术进步、突破价值链低端锁定、实现产业升级。

(1) 鼓励科技型、创新型外资企业以及生产环节进驻中国。跨国公司往往具有先进的生产技术和高效的管理能力,东道国通过与跨国公司的前后向联系实现"干中学"。在跨国公司示范效应的带动下,东道国企业在一定程度上实现技术更新和产品换代。为实现中国企业生产环节技术突破,在保证吸引外资适度规模的基础上必须着重提高吸引外资质量,加大对科技型、创新性企业和生产环节的鼓励力度。通过简化外来科研人员进驻手续、降低土地成本、实施税收优惠、强化配套服务等措施鼓励国外企业在中国设立研发机构,鼓励研发环节向中国转移,充分利用竞争效应、示范效应和外溢效应获取先进技术,推动我国制造业产业升级。

(2) 鼓励高端制造业加工贸易优先发展。加工贸易以保税进口中间产品进行加工生产后再出口为主要特征。此类中间产品往往是东道国无生产能力的产品,因此通过进口国外高科技原料、材料或中间产品,经过吸收、转化和模仿以获得技术外溢,可以有效提高企业创新能力。通过简化开展加工贸易申请备案手续、减少加工贸易生产保证金缴纳比例或转为保函担保、建设高新技术企业保税仓库等措施开辟中国加工贸易发展新格局,进而提升我国出口产品技术水平。

三、推进跨国兼并重组，整合全球价值链

在全球价值链生产体系中，发达国家往往占据全球价值链战略性环节，控制前期研发、中期核心零部件生产以及后期品牌营销，并将非核心零部件的生产等劳动密集型环节转移到发展中国家进行，通过对价值链的不断分割并占据高增加值环节追求其利润最大化。中国作为最大的发展中国家，加工贸易占中国对外贸易的50%以上，对中间进口投入品的过度依赖导致中国形成"两头在外"的"飞地"经济，在一定程度上导致中国企业被边缘化，只能从事低端的加工生产，获利甚微，不利于产业长远发展。自改革开放以来，中国以及中国企业经过40年的发展，资金和技术积累不断增加，部分行业已经具备"走出去"的资质。在产品内国际分工高度化的背景下，推动中国企业将生产进行全球性布局，选择性地将部分生产环节安排在更具比较优势的其他国家进行，并逐步构建由中国企业控制战略性环节的全球产品内国际分工网络。

（1）转变企业经营模式，推进海外兼并与重组。处于全球价值链高端，具有无形资产或产品差异化优势的中国企业，应充分利用自身的无形资产或产品差异化优势，通过海外并购寻求与之能够形成优势互补的创新性资产，实现价值链的进一步整合与提升，促进产业升级。一是培养跨国经营管理人才，增强企业全球化发展意识；二是加强企业风险管理机制，重视事前评估和尽职调查，强化企业海外生存与发展能力；三是学习先进管理经验，提高跨国经营管理水平，完善企业经营管理机制和企业制度。

（2）鼓励对外直接投资，实施"走出去"战略。中国政府应根据国际分工发展的新形势与新要求，鼓励企业进行海外直接投资，实施"走出去"战略。一是健全中国企业对外投资法律体系，为中国企业对外投资提供法律保障；二是减少中国企业对外投资限制，简化海外投资

项目审批手续，为中国企业"走出去"提供便利政策；三是加强对外投资信息服务体系建设，降低由于信息不对称所造成的投资风险；四是完善海外投资金融服务体系，为中国企业跨国经营提供优质金融服务。

四、提高知识产权品牌保护意识，构建全球价值链

根据价值链理论，处于价值链低端的国家随着知识资本积累，依靠技术、品牌等稀有资源可以实现价值链突破，跃升到价值链高端，并将其他国家的企业纳入自己主导的国际分工体系中，从而形成新的价值链。本书理论和实证分析表明，经过40年对外开放，中国对外贸易蓬勃发展，在长时间代工生产中积累了丰富经验，中间产品生产能力大幅增加，出口产品复杂度大幅提升，中国具备自主研发和创建自主品牌的条件。同时，国内加工贸易所面临的资源约束和环境问题也越来越严重，加之印度、越南等劳动力资源更为丰富的国家的竞争，中国在国际代工体系中的地位越来越被动，这促使中国企业必须进行价值链重构。全球价值链的构建需要依托先进技术、营销渠道和知名品牌，占据全球价值链战略性生产环节，掌握价值链分割的主动权，并根据各国（地区）不同的比较优势对价值链进行分割，以获取产品内国际分工利润最大化。一是立足产品内国际分工，充分了解国内外比较优势和市场需求，确定进行全球分割生产的行业和国家，即生产什么，在哪生产；二是对产品精准定价，迅速占领市场，通过模块化、规模化生产，推动分割环节生产顺利进行；三是加强制造行业内部、企业之间战略合作，实现优势互补，共同推动自主技术标准的建立；四是推进产品创新、构建营销渠道和创建自主品牌，通过控制核心技术和自主品牌掌握全球价值链主导权，进而增加分工收益，提升产业竞争力。

五、改善制度与服务质量，促进价值链攀升

低廉的生产成本，尤其是劳动力成本是我国早期参与产品内国际

第七章 结论与政策建议

分工的主要优势,是发达国家跨国公司来华投资的主要动因。在产品内分工模式下,产品生产过程的各个环节被分散到不同国家或地区完成,因此除生产成本外,交易成本,包括运输费用、跨国管理成本、进出口关税以及制度因素等都会对产品内国际分工产生巨大影响。相对而言,劳动成本优势对低技术层级的产品内国际分工有较强的吸引力,而高技术层级的产品内国际分工则会更多地关注交易成本优势以及东道国的制度因素。目前中国人口红利正逐渐消失,产品内国际分工正向高技术层级发展,因此中国必须采取有效措施减少产品内国际分工的交易成本,提高制度和服务质量,增强对产品内国际分工的吸引力。

(1) 加强基础设施建设。一是由政府设立高新技术产业生产基地,通过加大对基地基础设施的投资力度和设立采购中心、分销中心、物流中心等设施加快基地内配套产业发展,引导高新技术企业向基地集聚;二是加强基地基础设施互联互通和网络化建设,促进区内企业技术合作与技术转让。

(2) 推进贸易投资自由化。一是全面推进贸易和投资自由化便利化,深化经济技术合作与交流,推动新产品联合开发、新市场联合开拓,促进隐性知识和技术的转移与扩散;二是完善中小企业发展的政策环境,推动中小企业参与全球价值链,激发中小企业活力,提高中小企业创新能力。

(3) 深化金融体制改革。一是推进利率市场化和人民币汇率形成机制改革,扩大跨境人民币业务的品种和范围,做好跨境贸易和投资人民币结算工作;二是推动金融机构开放,减少国有金融机构垄断;三是引导资金的流向资本利用率高的企业和生产环节,提高资金利用效率,提高资本劳动比对出口技术水平的提升效应。

附录一　SNA 分类和联合国 BEC 对应分类

SNA	BEC 分类代码	BEC 分类描述
资本货物	41	资本货物（运输设备除外）
	521	运输设备，工业
中间货物	111	食品和饮料，初级，主要用于工业
	121	食品和饮料，加工，主要用于工业
	21	未另归类的工业用品，初级
	22	未另归类的工业用品，加工
	31	燃料和润滑剂，初级
	32	燃料和润滑剂，加工（不包括汽油）
	42	资本货物（运输设备除外）零配件
	53	运输设备零配件
消费品	112	食品和饮料，初级，主要用于家庭消费
	122	食品和饮料，加工，主要用于家庭消费
	522	运输设备，非工业
	61	未另归类的消费品，耐用品
	62	未另归类的消费品，半耐用品
	63	未另归类的消费品，非耐用品

资料来源：联合国网站（http://unstats.un.org/unsd/cr/registry/regdnld.asp? Lg=1）

附录二 产品出口复杂度测度样本国家和地区

	Country Name	中文名		Country Name	中文名
1	Albania	阿尔巴尼亚	24	Burkina Faso	布基纳法索
2	Algeria	阿尔及利亚	25	Burundi	布隆迪
3	Argentina	阿根廷	26	Cambodia	柬埔寨
4	Armenia	亚美尼亚	27	Cameroon	喀麦隆
5	Aruba	阿鲁巴	28	Canada	加拿大
6	Australia	澳大利亚	29	Cape Verde	佛得角
7	Austria	奥地利	30	Central African Republic	中非共和国
8	Azerbaijan	阿塞拜疆	31	Chile	智利
9	Bahamas	巴哈马群岛	32	China	中国
10	Bahrain	巴林	33	China, Hong Kong	中国香港特区
11	Barbados	巴巴多斯	34	China, Macao	中国澳门特区
12	Belarus	白俄罗斯	35	Colombia	哥伦比亚
13	Belgium	比利时	36	Congo, Rep.	刚果共和国
14	Belize	伯利兹	37	Costa Rica	哥斯达黎加
15	Benin	贝宁	38	Croatia	克罗地亚
16	Bhutan	不丹	39	Cyprus	塞浦路斯
17	Bolivia	玻利维亚	40	Czech Republic	捷克共和国
18	Bosnia and Herzegovina	波斯尼亚和黑塞哥维那	41	Denmark	丹麦
19	Botswana	博茨瓦纳	42	Dominica	多米尼克
20	Brazil	巴西	43	Dominican Republic	多米尼加共和国
21	Bulgaria	保加利亚	44	EU-27	欧盟27国
22	Ecuador	厄瓜多尔	45	Jordan	乔丹
23	Egypt, Arab Rep.	埃及阿拉伯共和国	46	Kazakhstan	哈萨克斯坦

续表

	Country Name	中文名		Country Name	中文名
47	El Salvador	萨尔瓦多	75	Kenya	肯尼亚
48	Estonia	爱沙尼亚	76	Kiribati	基里巴斯
49	Ethiopia	埃塞俄比亚	77	Korea, Rep.	韩国
50	Fiji	斐济	78	Kyrgyz Republic	吉尔吉斯斯坦共和国
51	Finland	芬兰	79	Latvia	拉脱维亚
52	France	法国	80	Lebanon	黎巴嫩
53	French Polynesia	法属玻利尼西亚	81	Libya	利比亚
54	Gambia	冈比亚	82	Lithuania	立陶宛
55	Georgia	格鲁吉亚	83	Luxembourg	卢森堡
56	Germany	德国	84	Madagascar	马达加斯加
57	Ghana	加纳	85	Malawi	马拉维
58	Greece	希腊	86	Malaysia	马来西亚
59	Greenland	格陵兰	87	Maldives	马尔代夫
60	Guatemala	危地马拉	88	Mali	马里
61	Guyana	圭亚那	89	Malta	马耳他
62	Hungary	匈牙利	90	Mauritania	毛里塔尼亚
63	Iceland	冰岛	91	Mauritius	毛里求斯
64	India	印度	92	Mexico	墨西哥
65	Indonesia	印度尼西亚	93	Montenegro	蒙特内格罗
66	Iran, Islamic Rep.	伊朗伊斯兰共和国	94	Montserrat	蒙塞拉特岛
67	Ireland	爱尔兰	95	Morocco	摩洛哥
68	Israel	以色列	96	Mozambique	莫桑比克
69	Italy	意大利	97	Myanmar	缅甸
70	Jamaica	牙买加	98	Namibia	纳米比亚
71	Japan	日本	99	Nepal	尼泊尔
72	Netherlands	荷兰	100	Serbia	塞尔维亚
73	New Caledonia	新喀里多尼亚	101	Singapore	新加坡
74	New Zealand	新西兰	102	Slovak Republic	斯洛伐克共和国

附录二 产品出口复杂度测度样本国家和地区

续表

	Country Name	中文名		Country Name	中文名
103	Nicaragua	尼加拉瓜	128	South Africa	南非
104	Niger	尼日尔	129	Spain	西班牙
105	Nigeria	尼日利亚	130	Sri Lanka	斯里兰卡
106	Norway	挪威	131	State of Palestine	巴勒斯坦
107	Oman	阿曼	132	Suriname	苏里南
108	Pakistan	巴基斯坦	133	Sweden	瑞典
109	Panama	巴拿马	134	Switzerland	瑞士
110	Paraguay	巴拉圭	135	Syria	阿拉伯叙利亚共和国
111	Peru	秘鲁	136	TFYR of Macedonia	马其顿共和国
112	Philippines	菲律宾	137	Thailand	泰国
113	Poland	波兰	138	Togo	多哥
114	Portugal	葡萄牙	139	Tonga	汤加
115	Qatar	卡塔尔	140	Trinidad and Tobago	特立尼达和多巴哥
116	Rep. of Moldova	摩尔多瓦共和国	141	Tunisia	突尼斯
117	Romania	罗马尼亚	142	Turkey	土耳其
118	Russian Federation	俄罗斯联邦	143	Uganda	乌干达
119	Rwanda	卢旺达	144	Ukraine	乌克兰
120	Saint Kitts and Nevis	圣基茨和尼维斯	145	United Arab Emirates	阿拉伯联合酋长国
121	Saint Vincent and the Grenadines	圣文森特和格林纳丁斯	146	United Kingdom	英国
122	Samoa	萨摩亚	147	United States	美国
123	Saudi Arabia	沙特阿拉伯	148	United Rep. of	坦桑尼亚
124	Senegal	塞内加尔	149	Yemen, Rep.	也门共和国
125	Vanuatu	瓦努阿图	150	Zambia	赞比亚
126	Venezuela, RB	委内瑞拉	151	Vietnam	越南
127	Slovenia	斯洛文尼亚	152	Zimbabwe	津巴布韦

参 考 文 献

[1] 北京大学中国经济研究中心课题组. 中国出口贸易中的垂直专门化与中美贸易 [J]. 世界经济, 2006 (5).

[2] 陈雯. 中国制成品出口复杂度分析——基于2009年国家、产业、产品层面的横向比较 [J]. 厦门大学学报（哲学社会科学版）, 2012 (5).

[3] 陈晓华, 黄先海, 刘慧. 中国出口技术结构演进的机理与实证研究 [J]. 管理世界, 2011 (3).

[4] 戴翔. 中国制成品出口技术含量升级的经济效应——基于省际面板数据的实证分析 [J]. 经济学家, 2010 (9): 77 – 83.

[5] 单豪杰. 中国资本存量K的再估算: 1952 ~ 2006 年 [J]. 数量经济技术经济研究, 2008, 25 (10): 17 – 31.

[6] 樊纲, 关志雄, 姚枝仲. 国际贸易结构分析: 贸易品的技术分布 [J]. 经济研究, 2006 (8): 70 – 80.

[7] 范爱军, 高敬峰. 产品内分工视角下的中国制造业比较优势分析 [J]. 国际经贸探索, 2008, 24 (3): 4 – 9.

[8] 关志雄. 从美国市场看"中国制造"的实力——以信息产品为重心 [J]. 国际经济评论, 2002 (4).

[9] 郭晶. FDI对高技术产业出口复杂度的影响 [J]. 管理世界, 2010 (7).

[10] 郭晶, 杨艳. 经济增长、技术创新与我国高技术制造业出口复杂度研究 [J]. 国际贸易问题, 2010 (12).

[11] 胡昭玲. 产品内国际分工对中国工业生产率的影响分析 [J]. 工业经济, 2007 (9): 38-45.

[12] 黄先海, 陈晓华, 刘慧. 产业出口复杂度的测度及其动态演进机理分析——基于52个经济体1993~2006年金属制品出口的实证研究 [J]. 管理世界, 2010 (3).

[13] 黄永明, 张文洁. 中国出口复杂度的测度与影响因素分析 [J]. 世界经济研究, 2011 (12): 59-64.

[14] 黄永明, 张文洁. 中国出口技术复杂度的演进机理——四部门模型及对出口产品的实证检验 [J]. 数量经济技术经济研究, 2012 (3): 003.

[15] 江静, 刘志彪, 于明超. 生产者服务业发展与制造业效率提升 [J]. 世界经济, 2007 (8): 52-62.

[16] 金碚. 中国工业的技术创新 [J]. 中国工业经济, 2004 (5): 5-14.

[17] 刘常勇. 后进地区科技产业的苦笑曲线 [J]. 决策借鉴, 1999, 4 (1): 12-13.

[18] 刘德学, 付丹, 卜国勤. 全球生产网络, 知识扩散与加工贸易升级 [J]. 经济问题探索, 2006 (12): 33-36.

[19] 刘德学, 苏桂富. 中国加工贸易升级状况分析: 基于全球生产网络视角 [J]. 对外经济贸易大学学报 (国际商务版), 2006 (4): 21-26.

[20] 刘志彪. 全球化背景下中国制造业升级的路径与品牌战略 [J]. 财经问题研究, 2005, 5 (5): 25-31.

[21] 刘志彪, 张杰. 全球代工体系下发展中国家俘获型网络的形成, 突破与对策——基于GVC与NVC的比较视角 [J]. 中国工业经济, 2008 (5).

[22] 隆国强. 全球化背景下的产业升级新战略——基于全球生产价值链的分析 [J]. 国际贸易, 2007 (7): 27-34.

[23] 卢峰. 产品内国际分工 [J]. 经济学（季刊），2004，4 (1)：10.

[24] 马凤涛，刘辉群. 垂直专业化、出口商品复杂度与国内含量——基于中国工业部门的视角 [J]. 云南财经大学学报，2011 (2).

[25] 马红旗，陈仲常. 我国制造业垂直专业化生产与全球价值链升级的关系——基于全球价值链治理视角 [J]. 南方经济，2012 (9)：83-91.

[26] 马涛，刘仕国. 产品内分工下中国进口结构与增长的二元边际——基于引力模型的动态面板数据分析 [J]. 南开经济研究，2010 (4)：92-109.

[27] 平新乔，郝朝艳. 中国出口贸易中的垂直专门化与中美贸易 [J]. 世界经济，2006 (5)：3-11.

[28] 齐俊妍，王永进，施炳展，盛丹. 金融发展与出口技术复杂度 [J]. 世界经济，2011 (7).

[29] 钱纳里，鲁滨逊，赛尔奎著. 吴奇，王松宝等译. 工业化和经济增长的比较研究 [M]. 上海：上海三联书店，1986.

[30] 邱斌，叶龙凤，孙少勤. 参与全球生产网络对我国制造业价值链提升影响的实证研究——基于出口复杂度的分析 [J]. 中国工业经济，2012 (1)：57-67.

[31] 盛斌. 中国工业部门垂直专业化与国内技术含量的关系研究 [J]. 世界经济研究，2008 (8).

[32] 唐春晖. 知识，动态能力与企业持续竞争优势 [J]. 当代财经，2003 (10)：68-70.

[33] 唐海燕，张会清. 产品内国际分工与发展中国家的价值链提升 [J]. 经济研究，2009 (9)：81-93.

[34] 唐玲. 国际外包率的测量及行业差异——基于中国工业行业的实证研究 [J]. 国际贸易问题，2009 (8)：66-74.

[35] 唐宜红, 马风涛. 国际垂直专业化对中国劳动力就业结构的影响 [J]. 财贸经济, 2009 (4): 94-98.

[36] 唐宜红, 王明荣. FDI, 出口相似度与我国出口商品结构优化 [J]. 国际经贸探索, 2010 (4): 34-41.

[37] 王乐平. 赤松要及其经济理论 [J], 日本学刊, 1990 (3).

[38] 王永进, 盛丹, 施炳展, 李坤望. 基础设施如何提升了出口技术复杂度 [J]. 经济研究, 2010 (7).

[39] 王中华, 梁俊伟. 国际服务外包, 就业与工薪差距: 基于中国工业行业数据的实证分析 [J]. 经济经纬, 2012 (1): 72-76.

[40] 威廉·配第著. 陈冬野译. 政治算术 [M]. 北京: 商务印书馆, 1978.

[41] 西蒙·库兹涅茨. 常勋等译. 现代经济的增长: 发现与反映 [M]. 北京: 商务印书馆, 1985.

[42] 夏平. 中国中间产品贸易分析 [D]. 对外经济贸易大学, 2007.

[43] 谢建国. 外商直接投资与中国的出口竞争力——一个中国的经验研究 [J]. 世界经济研究, 2003 (7): 34-39.

[44] 许丹. 不同国际分工形式下产业内贸易的利益分析 [J]. 商业研究, 2002 (12): 15-17.

[45] 姚洋, 张晔. 中国出口品国内技术含量升级的动态研究: 来自全国及江苏省、广东省的证据 [J]. 中国社会科学, 2008 (2).

[46] 曾铮, 胡小环. 我国出口商品结构高度化与贸易条件恶化 [J]. 财经科学, 2005 (4): 162-168.

[47] 张纪. 产品内国际分工——动因, 机制与效应研究 [J]. 上海: 上海社会科学院博士论文, 2007.

[48] 张小蒂, 孙景蔚. 基于垂直专业化分工的中国产业国际竞争力分析 [J]. 世界经济, 2006 (5): 12-21.

[49] 赵春燕. 从比较优势到竞争优势——基于中国汽车产业的实证研究 [M]. 北京: 中国经济出版社, 2012.

[50] 赵明亮, 臧旭恒. 垂直专业化分工测度及经济效应研究述评 [J]. 经济理论与经济管理, 2011 (9): 27-39.

[51] 朱诗娥, 杨汝岱. 中国本土企业出口竞争力研究 [J]. 世界经济研究, 2009 (1): 8-14.

[52] 朱有为, 张向阳. 价值链模块化, 国际分工与制造业升级 [J]. 国际贸易问题, 2006 (9): 98-103.

[53] 祝树金, 戢璇, 傅晓岚. 出口品技术水平的决定性因素 [J]. 世界经济, 2010 (4).

[54] Alchian A A, Demsetz H. Production, information costs, and economic organization [J]. The American economic review, 1972: 777-795.

[55] Allen F, Qian J, Qian M. Law, finance, and economic growth in China [J]. Journal of financial economics, 2005, 77 (1): 57-116.

[56] Amighini A. China in the international fragmentation of production: Evidence from the ICT industry [J]. European Journal of Comparative Economics, 2005, 2 (2).

[57] Amiti M, Wei S J. Fear of service outsourcing: is it justified? [J]. Economic policy, 2005, 20 (42): 308-347.

[58] Arellano M, Bover O. Another look at the instrumental variable estimation of error-components models [J]. Journal of econometrics, 1995, 68 (1): 29-51.

[59] Arndt S W. Global production networks and regional integration [J]. 2004.

[60] Arndt S W. Globalization and the open economy [J]. The North American Journal of Economics and Finance, 1997, 8 (1): 71-79.

[61] Arndt S W. Trade integration and production networks in Asia: The role of China [J]. Available at SSRN 900417, 2004.

[62] Arndt, S. W, Kierzkowski, H. (Eds.). Fragmentation: New Production Patterns in the World Economy: New Production Patterns in the World Economy [M]. Oxford University Press, 2001.

[63] Ascari G, Di Cosmo V. Determinants of total factor productivity in the Italian regions [J]. Scienze Regionali, 2005.

[64] Balassa B A. Trade liberalization among industrial countries: Objectives and alternatives [M]. Council on Foreign Relations, 1967.

[65] Baldwin R, Robert-Nicoud F. Offshoring: General equilibrium effects on wages, production and trade [R]. National Bureau of Economic Research, 2007.

[66] Baldwin R, Robert-Nicoud F. Trade-in-goods and trade-in-tasks: An Integrating Framework [J]. Journal of International Economics, 2014, 92 (1): 51–62.

[67] Baum C F. An introduction to modern econometrics using Stata [M]. Stata Press, 2006.

[68] Baumgarten D, Geishecker I, Görg H. Offshoring, tasks, and the skill-wage pattern [J]. European Economic Review, 2013, 61: 132–152.

[69] Bergstrand J H. The generalized gravity equation, monopolistic competition, and the factor-proportions theory in international trade [J]. Review of Economics and statistics, 1989, 71 (1): 143–153.

[70] Blonigen B, Ma A. Please Pass the Catch-up The Relative Performance of Chinese and Foreign Firms in Chinese Exports [R]. National Bureau of Economic Research, 2007.

[71] Blonigen, Bruce A. and Alyson C. Ma. Please Pass the Catch-up: The Relative Performance of Chinese and Foreign Firms in Chinese Ex-

ports, 1997—2005. NBER Working Paper for Conference on China's Growing Role in World Trade, 2007.

[72] Blundell R, Bond S. Initial conditions and moment restrictions in dynamic panel data models [J]. Journal of econometrics, 1998, 87 (1): 115 - 143.

[73] Bonacich, E., Cheng, L., Clinchilla, N., Ong, P. Global production: the apparel industry in the Pacific Rim [M]. PhiladelPhia, PA: Temple University Press, 1994.

[74] Chenery H B, Strout A M. Foreign assistance and economic development [J]. The American Economic Review, 1966: 679 - 733.

[75] Chow G C. Capital formation and economic growth in China [J]. The Quarterly Journal of Economics, 1993, 108 (3): 809 - 842.

[76] Clark C. The Conditions of Economic Progress, McMillan [J]. New York, 1940.

[77] Coase R H. The nature of the firm [J]. economica, 1937, 4 (16): 386 - 405.

[78] Dahlman C J. The problem of externality [J]. Journal of law and economics, 1979: 141 - 162.

[79] Dean J, Fung K C, Wang Z. Measuring the vertical specialization in Chinese trade [R]. Working Papers, Santa Cruz Center for International Economics, 2008.

[80] Deardorff A V. Fragmentation in simple trade models [J]. The North American Journal of Economics and Finance, 2001, 12 (2): 121 - 137.

[81] Dixit A K, Grossman G M. Trade and protection with multistage production [J]. The Review of Economic Studies, 1982, 49 (4): 583 - 594.

[82] Egger H, Egger P. Cross-border sourcing and outward process-

ing in EU manufacturing [J]. The North American Journal of Economics and Finance, 2001, 12 (3): 243 - 256.

[83] Egger H, Egger P. The determinants of EU processing trade [J]. The World Economy, 2005, 28 (2): 147 - 168.

[84] Egger H, Kreickemeier U. International fragmentation: Boon or bane for domestic employment? [J]. European Economic Review, 2008, 52 (1): 116 - 132.

[85] Ernst D, Kim L. Global production networks, knowledge diffusion, and local capability formation [J]. Research policy, 2002, 31 (8): 1417 - 1429.

[86] Ernst, D. How Globalization Reshapes The Geography of Innovation Systems: Reflection on Global Production Networks in Information Industries [J]. East-West Center Working Paper, 1999.

[87] Feenstra R C, Hanson G H. Foreign investment, outsourcing and relative wages [R]. National bureau of economic research, 1995.

[88] Feenstra R C, Hanson G H. Globalization, outsourcing, and wage inequality [R]. National Bureau of Economic Research, 1996.

[89] Feenstra R C, Hanson G H. Intermediaries in Entrepot Trade: Hong Kong Re-Exports of Chinese Goods [J]. Journal of Economics & Management Strategy, 2004, 13 (1): 3 - 35.

[90] Feenstra R C, Hanson G H. Ownership and control in outsourcing to China [M]. Institute of Governmental Affairs, University of California, Davis, 2003.

[91] Feenstra R C, Hanson G H. The impact of outsourcing and high-technology capital on wages: estimates for the United States, 1979—1990 [J]. The Quarterly Journal of Economics, 1999, 114 (3): 907 - 940.

[92] Finger J M, Kreinin M E. A measure of 'export similarity' and its possible uses [J]. Economic Journal, 1979, 89 (356): 905 - 12.

[93] Geishecker I, Görg H, Munch J R. Do labour market institutions matter? Micro-level wage effects of international outsourcing in three European countries [J]. Review of World Economics, 2010, 146 (1): 179 - 198.

[94] Geishecker I, Görg H. Do unskilled workers always lose from fragmentation? [J]. The North American journal of economics and finance, 2005, 16 (1): 81 - 92.

[95] Geishecker I, Görg H. International outsourcing and wages: Winners and losers [J]. Manuscript, DIW Berlin, 2004.

[96] Geishecker I, Görg H. Winners and losers: A micro-level analysis of international outsourcing and wages [J]. Canadian Journal of Economics/Revue canadienne d'économique, 2008, 41 (1): 243 - 270.

[97] Gereffi G, Humphrey J, Sturgeon T. The governance of global value chains [J]. Review of international political economy, 2005, 12 (1): 78 - 104.

[98] Gereffi G. International trade and industrial upgrading in the apparel commodity chain [J]. Journal of international economics, 1999, 48 (1): 37 - 70.

[99] Gereffi G. Shifting governance structures in global commodity chains, with special reference to the internet [J]. American Behavioral Scientist, 2001, 44 (10): 1616 - 1637.

[100] Girma S, Görg H. Outsourcing, Foreign Ownership, and Productivity: Evidence from UK Establishment-level Data [J]. Review of International Economics, 2004, 12 (5): 817 - 832.

[101] Goldsmith R W. A perpetual inventory of national wealth [M] //Studies in Income and Wealth, Volume 14. NBER, 1951: 5 - 74.

[102] Görg H, Hanley A, Strobl E. Productivity effects of international outsourcing: evidence from plant-level data [J]. Canadian Journal of

Economics/Revue canadienne d'économique, 2008, 41 (2): 670 - 688.

[103] Görg H. Fragmentation and trade: US inward processing trade in the EU [J]. Weltwirtschaftliches Archiv, 2000, 136 (3): 403 - 422.

[104] Grossman G M, Helpman E. Integration versus outsourcing in industry equilibrium [J]. The Quarterly Journal of Economics, 2002, 117 (1): 85 - 120.

[105] Grossman G M, Helpman E. Outsourcing in a global economy [J]. The Review of Economic Studies, 2005, 72 (1): 135 - 159.

[106] Gylfason T. Natural resources, education, and economic development [J]. European Economic Review, 2001, 45 (4): 847 - 859.

[107] Hall R E, Jones C I. Why do some countries produce so much more output per worker than others? [J]. The quarterly journal of economics, 1999, 114 (1): 83 - 116.

[108] Hausmann, Ricardo, Jason Hwang, and Dani Rodrik. What You Export Matters. Journal of Economic Growth, 2007, 12 (1): 1 - 25.

[109] Head K, Ries J. Offshore production and skill upgrading by Japanese manufacturing firms [J]. Journal of international economics, 2002, 58 (1): 81 - 105.

[110] Helleiner G K. Manufactured exports from less-developed countries and multinational firms [J]. The Economic Journal, 1973, 83 (329): 21 - 47.

[111] Hobday M. Innovation in East Asia: the challenge to Japan [M]. Aldershot: Edward Elgar, 1995.

[112] Hsieh C T, Woo K T. The impact of outsourcing to China on Hong Kong's labor market [J]. American Economic Review, 2005: 1673 - 1687.

[113] Hummels D, Ishii J, Yi K M. The nature and growth of vertical specialization in world trade [J]. Journal of international Economics,

2001, 54 (1): 75 - 96.

[114] Hummels D, Rapoport D, Yi K M. Vertical specialization and the changing nature of world trade [J]. Federal Reserve Bank of New York Economic Policy Review, 1998, 4 (2): 79 - 99.

[115] Humphrey J, Memedovic O. The global automotive industry value chain: what prospects for upgrading by developing countries [J]. UNIDO Sectorial Studies Series Working Paper, 2003.

[116] Humphrey J, Schmitz H. How does insertion in global value chains affect upgrading in industrial clusters? [J]. Regional studies, 2002, 36 (9): 1017 - 1027.

[117] Im K S, Pesaran M H, Shin Y. Testing for unit roots in heterogeneous panels [J]. Journal of econometrics, 2003, 115 (1): 53 - 74.

[118] Jabbour L, Mucchielli J L. Technology Transfer through Vertical Linkages: The Case of the Spanish Manufacturing Industry [J]. Journal of Applied Economics, 2007, 10 (1).

[119] Jarreau J, Poncet S. Export sophistication and economic growth: Evidence from China [J]. Journal of development Economics, 2012, 97 (2): 281 - 292.

[120] Jones Kierzkowski. A Framework for Fragmentation [M]. Oxford University Press, 2001 (b): 17 - 34.

[121] Jones R W, Kierzkowski H. The role of services in production and international trade: A theoretical framework [R]. University of Rochester-Center for Economic Research (RCER), 1988.

[122] Jones R, Kierzkowski H, Lurong C. What does evidence tell us about fragmentation and outsourcing? [J]. International Review of Economics & Finance, 2005, 14 (3): 305 - 316.

[123] Jones R, Kierzkowski H. Globalization and the Consequences of International Fragmentation, Festschrift in Honor of Robert A [J].

Mundell. Washington, DC: The World Bank, 1997.

[124] Jones R, Kierzkowski H. Money, Factor Mobility, and Trade [J]. 2000.

[125] Kaplinsky R, Morris M. A handbook for value chain research [M]. Ottawa: IDRC, 2001.

[126] Kaufmann D, Kraay A, Mastruzzi M. Governance Matters VII: Governance Indicators for 1996—2007 [M]. World Bank Policy Research, 2008.

[127] Kimura F, Ando M. Fragmentation and agglomeration matter: Japanese multinationals in Latin America and East Asia [J]. The North American Journal of Economics and Finance, 2003, 14 (3): 287 - 317.

[128] König J, Koskela E. Does International Outsourcing Really Lower Workers' Income? [J]. Journal of Labor Research, 2011, 32 (1): 21 - 38.

[129] Koopman R, Wang Z, Wei S J. Estimating domestic content in exports when processing trade is pervasive [J]. Journal of Development Economics, 2012, 99 (1): 178 - 189.

[130] Koopman R, Wang Z, Wei S J. How much of Chinese exports is really made in China? Assessing domestic value-added when processing trade is pervasive [R]. National Bureau of Economic Research, 2008.

[131] Koskela E, Stenbacka R. Equilibrium unemployment with outsourcing and wage solidarity under labour market imperfections [J]. European Economic Review, 2010, 54 (3): 376 - 392.

[132] Krugman P R. Increasing returns, monopolistic competition, and international trade [J]. Journal of international Economics, 1979, 9 (4): 469 - 479.

[133] Krugman P R. Intraindustry specialization and the gains from trade [J]. The Journal of Political Economy, 1981, 89 (5): 959.

[134] Krugman P. Growing world trade: causes and consequences [J]. Brookings papers on economic activity, 1995 (1): 327 – 362.

[135] Krugman, Paul R. Scale Economies, Product Differentiation, and the Pattern of Trade [J]. American Economic Review, 1980, 70 (5): 950 – 959.

[136] Lall S, Albaladejo M, Zhang J. Mapping fragmentation: electronics and automobiles in East Asia and Latin America [J]. Oxford Development Studies, 2004, 32 (3): 407 – 432.

[137] Lall S, Weiss J, Zhang J. The "sophistication" of exports: a new trade measure [J]. World Development, 2006, 34 (2): 222 – 237.

[138] Lall S. The Technological structure and performance of developing country manufactured exports, 1985—1998 [J]. Oxford development studies, 2000, 28 (3): 337 – 369.

[139] Leamer E E, Maul H, Rodriguez S, et al. Does natural resource abundance increase Latin American income inequality? [J]. Journal of development Economics, 1999, 59 (1): 3 – 42.

[140] Leamer E E. The commodity composition of international trade in manufactures: An empirical analysis [J]. Oxford Economic Papers, 1974: 350 – 374.

[141] Levin A, Lin C F, James Chu C S. Unit root tests in panel data: asymptotic and finite-sample properties [J]. Journal of econometrics, 2002, 108 (1): 1 – 24.

[142] Linnemann H. An econometric study of international trade flows [M]. Amsterdam: North-Holland Publishing Company, 1966.

[143] Maddala G S, Wu S. A comparative study of unit root tests with panel data and a new simple test [J]. Oxford Bulletin of Economics and statistics, 1999, 61 (S1): 631 – 652.

[144] Meng B, Fang Y, Yamano N, et al. Measuring global value

chains and regional economic integration: an international input-output approach [J]. 2012.

[145] Michaely, M. Trade, Income Levels, and Dependence. North-Holland, Amsterdam, 1984.

[146] Nonaka I. A dynamic theory of organizational knowledge creation [J]. Organization science, 1994, 5 (1): 14 - 37.

[147] Novy D. Is the iceberg melting less quickly? International trade costs after World War II [J]. International Trade Costs after World War II (October 2006). Warwick Economic Research Paper, 2006: 764.

[148] Pack H, Saggi K. Vertical technology transfer via international outsourcing [J]. Journal of Development Economics, 2001, 65 (2): 389 - 415.

[149] Porter M E. The Competitive Advantage of Notions [J]. Harvard business review, 1990.

[150] Rodrik, Dani. What's So Special about China's Exports? China & World Economy, 2006, 14 (5): 1 - 19.

[151] Roodman D. How to do xtabond2: An introduction to difference and system GMM in Stata [J]. Stata Journal, 2009, 9 (1): 86.

[152] Rostow W W. The stages of economic growth: A non-communist manifesto [M]. Cambridge University Press, 1990.

[153] Sachs J D, Warner A M. Natural resource abundance and economic growth [R]. National Bureau of Economic Research, 1995.

[154] Sachs J D, Warner A M. Sources of slow growth in African economies [J]. Journal of African economies, 1997, 6 (3): 335 - 376.

[155] Sachs J D, Warner A M. The curse of natural resources [J]. European economic review, 2001, 45 (4): 827 - 838.

[156] Schott P K. Across-product versus within-product specialization in international trade [J]. The Quarterly Journal of Economics, 2004, 119 (2): 647-678.

[157] Schott P K. The relative sophistication of Chinese exports [J]. Economic policy, 2008, 23 (53): 5-49.

[158] Tinbergen J. Shaping the world economy; suggestions for an international economic policy [J]. 1962.

[159] Van Long N, Riezman R, Soubeyran A. Fragmentation and services [J]. The North American Journal of Economics and Finance, 2005, 16 (1): 137-152.

[160] Vernon R. International investment and international trade in the product cycle [J]. 1966.

[161] Wang Z, Wei S J. What accounts for the rising sophistication of China's exports? [M] //China's Growing Role in World Trade. University of Chicago Press, 2010: 63-104.

[162] Wang, Zhi and Shang-jin Wei. The Rising Sophistication in China's Exports: Assessing the Roles of Processing Trade, Foreign Invested Firms, Human Capital and Government Policies. Working Paper for the NBER Conference on China's Growing Role in World Trade, 2007.

[163] Xu B, Lu J. Foreign direct investment, processing trade, and the sophistication of China's exports [J]. China Economic Review, 2009, 20 (3): 425-439.

[164] Xu B. The sophistication of exports: Is China special? [J]. China Economic Review, 2010, 21 (3): 482-493.

[165] Yamashita N. The Impact of Production Fragmentation on Industry Skill Upgrading: New Evidence from Japanese Manufacturing [J]. Hi-Stat Discussion Paper Series, 2007 (202).

[166] Yeats A J. Just how big is global production sharing, in. SW Arndt and H. Kierzkowski [J]. Fragmentation: New Production Patterns in the World Economy, 2001: 63 – 109.

[167] Yi K M. Can vertical specialization explain the growth of world trade? [J]. Journal of political Economy, 2003, 111 (1): 52 – 102.

后　　记

　　本书是在我的博士论文的基础上修改完成的。修改完善的过程同时也是对五年博士学习生活的再次回顾。时隔数年，当年的论文才得以著作的形式出版，其间多有不易。但如今看来，时间却也是恰到好处。工作数年，生命脉络是否依旧清晰可见，当年这个从心的选择，确是最好提醒：不忘初心，方得始终。选择在就业后重新回到校园，攻读硕士学位、博士学位是我人生当中的重要选择，也是人生中重要转折点。回首过往，感谢当初的自己，选择勇敢，选择坚持。

　　5年的求学时光似乎多了一些小插曲，但上天也给了我更大的幸运，幸运遇到关心、帮助我的各位老师、领导、朋友和同学。感谢周永强、朱建平老师亦师亦友的帮助、鼓励和支持；当初选择攻读博士学位时的纠结心情仍历历在怀，感谢林季红老师坚定我的想法，给我鼓励、信任以及悉心指导；感谢张勇老师在计量学习中的耐心讲解、感谢黄梅波老师如姐姐般的关心与引导，感谢5年来辛勤授业的各位老师。感谢盛卓禾处长对我学习的关心和支持，感谢陪伴我走过高兴的、不高兴的每一天的朋友、同学。感谢母校，开启我心之门，得见人生路上更美的风景。

　　以前常听人说，博士毕业论文写作有如十月怀。亲历过后，对这一比喻有了更深刻的体会。我想，PhD都是哪吒之母，孕期长达三年甚至更长。论文在经历数次"难产"后诞生，首先要感谢我的导师林季红教授，整个毕业论文从选题、脉络整理到最终定稿都得到了林老师的悉心指导；感谢丁小义老师的帮助，对论文中各类指标进行的

后 记

深入探讨与交流；感谢在大数据处理过程中给予我帮助和指导的张天华、李强等各位同学；感谢一起走过写作每一天的占芬同学。

从厦门辗转至杭州，有幸遇到浙江大学黄先海教授，并师从黄老师进入浙江大学博士后流动站。感谢黄老师为我提供了一个更高的学术平台，让我有机会实现学术可持续发展。黄老师高屋建瓴，在与黄老师的交流中，学术思想受到极大启发。seminar学术讨论中，黄老师高标、严谨、负责；团队建设方面，师兄妹亲如一家。黄老师成为我为学、为师的领路人。本书得以最终出版，也得益于在站期间，黄老师的敦促与鼓励。在此感谢浙江大学区域经济开放与发展研究中心的资助。

感谢浙江财经大学王俊豪教授、卢新波教授、胡亦琴教授、邱风教授、唐要家教授、金通教授、吴宏教授、崔大树教授、叶航教授、张哲教授、戴魁早教授、王力教授、茹玉骢教授、李井奎教授、张利风教授、王正新教授、柴志贤副教授、熊红星副教授、陈刚副教授、唐兆希副教授、姜励卿副教授、郑恒副教授、邵慰副教授、马汴京副教授、文雁兵副教授、赵卓嘉副教授、钟章奇副教授、刘艳华副教授、沈鸿博士、丁松博士、陈秀琴老师、丁杨鑫老师、高晓菁老师、吴娇娇老师、俞晓老师和胡国庭老师的关心和照顾，帮我实现了学术起飞。

最后，我要特别感谢我的父母，他们的关心、理解和支持是我能够走到今天最大的精神支柱和坚实后盾。

由于理论研究无法穷尽丰富多彩的现实世界，本人学术研究能力也有待进一步提高，致使书中难免出现不足甚至错误的地方，在此我坦诚地欢迎各位老师加以批评和指正，使今后的研究工作更加严谨和完善。

凤凰花开，烈似骄阳；空中有云，心中有梦。